ISO/IEC 29134対応

# プライバシー影響評価
# 実施マニュアル

瀬戸洋一［編著］

長谷川久美［著］

日科技連

# まえがき

　国内外でプライバシー保護強化の流れがある。国際標準化小委員会 ISO/IEC JTC 1/SC 27 では、2017 年、プライバシー影響評価に関する ISO/IEC 29134(Guidelines for privacy impact assessment)を発行した。

　ISO/IEC 29134 は、本書がテーマとするプライバシー影響評価に関する最新の国際標準規格である。ISO/IEC 29134 の全訳である JIS X 9251 が、2021 年に日本規格協会より発行される予定である。また、2018 年 5 月より EU 一般データ保護規則(General Data Protection Regulation：GDPR)が完全施行された。GPDR では、個人情報を扱うシステムを構築する際、データ保護影響評価(Data Protection Impact Assessment：DPIA)の実施を義務づけている。日本は EU より十分性認定を受けており、EU と同等の保護体制の構築が必要である。

　著者らは、2008 年発行の ISO 22307(Financial services − Privacy impact assessment)に準拠し、日本の社会制度に合うプライバシー影響評価の実施手順書(マニュアル)を開発済みである。今回 ISO/IEC 29134：2017 発行を契機に、ISO/IEC 29134 に適合するプライバシー影響評価実施手順書を改訂した。

　本書は、ISO/IEC 29134 あるいは JIS X 9251(2021 年 3 月発行予定)の規格そのものを解説した書籍ではない。本書が提供するのは、著者らが 2017 年に開発した「プライバシー影響評価実施手順書」について、ISO/IEC 29134 規格との相違点を分析し、規格に準拠した「プライバシー影響評価実施手順書」である。読者は、本書を通じて、プライバシー影響評価とは何かを学べるだけでなく、実際にプライバシー影響評価を実践できるようになる。

　プライバシー影響評価は、EU(European Union：欧州連合)、APEC

(Asia-Pacific Economic Cooperation：アジア太平洋経済協力)、英国連邦(Commonwealth of England)、米国などで実施され有用性が確認されている一方で、日本では十分に普及しているとはいえない。また、日本では 2015 年度に改正個人情報保護法が施行され、匿名化された個人情報の利活用ができるようになったが、必ずしも個人の権利を守るフレームワークはできていない。プライバシー影響評価は、Privacy by Design(計画的プライバシー対策)を具現化する重要な手法の一つであり、個人の権利を守る有用な方法論である。本書がプライバシー影響評価を日本に普及させる一助になることを願う。

　本書は、以下の 3 部から構成されている。

- 第 1 部　プライバシー影響評価(PIA)の概要
- 第 2 部　プライバシー影響評価(PIA)の実施手順
- 第 3 部　店舗向け多目的監視カメラシステムの PIA の実施事例

　プライバシー影響評価の内容を知りたい場合は、第 1 部から読むことを勧めたい。プライバシー影響評価について理解し、実施手順のみでよい場合には、第 2 部から読んでほしい。なお、以下の書籍と併せて学習していただければ、効率的にプライバシー影響評価に関する実践的な力を身につけることができる。

　① 　プライバシー影響評価の概要

　　瀬戸洋一、伊瀬洋昭、六川浩明、新保史生、村上康二郎(2010)：『プライバシー影響評価 PIA と個人情報保護』、中央経済社。

　② 　プライバシー影響評価の事例

　　瀬戸洋一(2016)：『プライバシー影響評価ガイドライン実践テキスト』、インプレス R&D。

　③ 　プライバシーリスク評価の詳細

　　瀬戸洋一(2014)：『実践的プライバシーリスク評価技法—プライバシーバイデザインと個人情報影響評価—』、近代科学社。

　プライバシー影響評価の研究は、著者が 2007 年に法務省からの研究受託で開始した。以後 10 年間、産業技術大学院大学における Project Based Learning(PBL)の教育研究のテーマとして実施してきた。本書はその成果をまとめたものである。

　PBL においてプライバシー影響評価に関わった学生、特に、リスク分析手法の検討では渡辺慎太郎氏の貢献が大きい。また、ご協力いただいた関係者(省庁、自治体、医療機関、企業)、およびプライバシー影響評価の研究に関与したすべての関係者、および本書の出版にご尽力いただいた日科技連出版社の編集者田中延志氏に対し、ここに感謝の意を表します。

2020 年 10 月

編著者　瀬戸　洋一

# 目　次

# 第3部　店舗向け多目的監視カメラシステムの PIA 実施事例

# 第 *1* 部
## プライバシー影響評価(PIA)の概要

PIA

　個人情報の電子化の進展に伴い、情報システムにおける個人情報の漏えいやプライバシー侵害などの問題が顕在化した。その対策として、1990年代、英国連邦でプライバシー影響評価(Privacy Impact Assessment)が実施された。その後、有効性が世界各国で認められ、国際標準規格の開発が行われた。

　プライバシー影響評価は、個人情報を取り扱う情報システムの導入や改修に際して生じる個人情報保護への影響を「事前」に評価するリスク評価手法であり、個人情報の漏えいや改変などの問題の回避・低減に有効な手法である。

　プライバシー影響評価の具体的な手順を理解するためには、その定義と「どのような背景で実施されてきたのか」理解する必要がある。

　第1部では、プライバシー影響評価の全体像を理解するため、その定義、各国での実施状況、および国際標準化の動向、また、第2部では実施手順のポイントを解説する。

# 第1章
# PIAの概要

## 1.1　PIAの背景

　1990年代から個人情報の電子化の進展に伴い、情報システムにおける個人情報の漏えいやプライバシーの侵害などの問題が顕在化し、その対策としてプライバシー影響評価（Privacy Impact Assessment：PIA）の実施が世界各国で実施された。PIAは1990年代中盤以降から、英国連邦であるカナダ、ニュージーランド、オーストラリアや、米国、韓国が導入した。英国連邦は、社会制度としてPIAを実施している一方、米国や韓国は、法的に規定し実施している[1][2]。EUでは、2018年5月に施行された一般データ保護規則（General Data Protection Regulation：GDPR）で、PIAに相当するデータ保護影響評価（Data Protection Impact Assessment：DPIA）の実施が規定された[2]-[5]。日本では、マイナンバー制度における特定個人情報保護評価がPIAの類似制度として運用が開始され、自治体、行政機関等に法律で実施が義務づけられている[6]。

　最近のサイバー攻撃の傾向として、ネットワークカメラ等のIoT機器が標的になっており、IoT機器からの個人情報の流出が懸念されている[7]。個人情報を扱うシステムの導入において、開発初期の段階で事前にリスク評価を行い、対策を行う必要性がある。

　PIAを有効に実施するには、国際標準あるいは日本産業規格（Japanese Industrial Standards：JIS）に適合したマニュアル（実施手順書）と中立的・専門的な監督機関の設置が必要である。2008年にPIAに関す

る初めての国際規格 ISO 22307：2008（Financial service—Privacy impact assessment）が発行され、6 つの要求事項が規定された[8]。また、2017 年 6 月には新規格 ISO/IEC 29134：2017（Information technology—Security techniques—Guidelines for privacy impact assessment）が発行され、PIA の実施手順の概要が規定された[9]。

このような動きを含めた国際的な動向が考慮された結果、日本でも PIA の重要性が認識されている。そのため、過去に開発した ISO 22307：2008 ベースの PIA 実施マニュアルの見直しが必要となり、ISO/IEC 29134：2017（JIS X 9251：2020）に適合するよう PIA 実施マニュアルの改訂を行った[10]-[12]。

## 1.2　PIA の規格文書の概要

表 1.1 に国際標準規格などにおける PIA の内容を示す。国際標準あるいは各国のガイドラインでは若干の表現の相違はあるが、「PIA とは、個人情報の収集を伴うシステムの導入や改修の際に、プライバシー（個人情報保護）問題を低減・回避するために、プライバシーへの影響を「事前」に評価するリスク管理手法である」といえる[1]。

PIA を実施する目的は、適切なプライバシーリスクの事前対策、対策コスト低減およびステークホルダ間の信頼構築にある。PIA 評価結果を踏まえ、必要に応じて、構築するシステムに対して仕様の変更を促す。

システム稼働前に対策を行うことで、稼働後のプライバシー問題発覚による稼動停止や、それに伴って発生するビジネス上のリスク、システム改修費用を軽減することができる。また、実施組織が PIA 報告書を公表することで、プライバシーや個人情報の取扱いに関して実施組織、個人など関係者（ステークホルダ）で議論する共通の土俵を提供することができる。これは、組織が個人の権利保護に留意している姿勢を関係者

表 1.1　国際標準規格における PIA の内容

| 文献 | 内容 |
|---|---|
| ISO 22307 | • システム構築の初期にライフサイクル全般を対象とし、システム開発者、管理者などステークホルダが、プライバシー保護の責任の所在を明確にする。<br>• プライバシーリスク、および、その影響度を把握し、リスクの回避および低減を目的とし、システム設計に必要な情報を提供する。<br>• ステークホルダ間で協議する材料として、PIA 報告書を提供する。 |
| ISO/IEC 29134 | • 情報システム、プログラムにおけるプライバシーに関する潜在的な影響をアセスメントする。また、ステークホルダ間で協議してプライバシーリスクに対応する手段である。<br>• PIA 報告書には、ISO/IEC 27001 における情報セキュリティマネジメントシステム(ISMS)に関するリスク対応措置が含まれる。 |
| GDPR | • GDPR35 条には、Data Protection Impact Assessment とはコンプライアンスを確立し、証明するプロセスであると規定している。<br>• DPIA は、個人データを保護し、データ主体とその他の関係者の権利および正当な利益を考慮して、規則に準拠していることを証明するためのプライバシーリスクを保護する仕組みである。<br>• DPIA の義務を遵守しない場合は、所轄監督機関から罰金を科される。 |
| 英国連邦加盟国<br>(英国やカナダのガイドライン) | • 個人情報の収集を伴う情報システムの企画、構築、改修に当たり、情報提供者のプライバシーへの影響を「事前」に評価し、情報システムの構築・運用を適正に行うことを促す一連のプロセスをいう。<br>• 設計段階からプライバシー保護策を織り込むことにより、「公共の利益」と「個人の権利」を両立させることを目的に実施される。また、情報システム稼働後のプライバシーリスクを最小限に抑えることができ、改修とそれに伴う追加費用の発生の予防を目的とする。 |

第 1 部　プライバシー影響評価(PIA)の概要

に示すことにもなる。すなわち、PIA は一種のリスクコミュニケーション手段でもある。

　PIA には関連する 2 つの国際規格がある[8][9]。ISO 22307：2008 と ISO/IEC 29134：2017 である。国際標準規格などの詳細は**第 2 章**で説明する。このほか、欧州連合(EU)の一般データ保護規則(GDPR)があ

る[4]。

ISO 22307における記述は、「プライバシー保護をシステム構築の初期にライフサイクル全般を対象として、プライバシーの説明責任をシステム開発者、管理者、および関連するステークホルダの責任を明確にし、プライバシー上のリスクおよびその影響度を理解し、リスクの回避および/または低減を目的にシステム設計に必要な情報を提供することにある。業務プロセスや個人情報のフローに関し、ステークホルダ間の協議資料としてPIA報告書を提供すること」とある。

ISO/IEC 29134における記述は、「個人識別可能情報(PII)を処理プロセス、情報システム、プログラム、ソフトウェアモジュール、デバイス又はその他の取組みにおけるプライバシーに対する潜在的な影響をアセスメントするための手段であり、ステークホルダ間で協議してプライバシーリスクに対応するために必要な行動を起こすための手段」としている。PIA報告書には、ISO/IEC 27001における情報セキュリティマネジメントシステム(ISMS)による措置など、リスク対応のための措置に関する文書が含まれている場合があり、PIAはツール以上のものである。システム開発の早い段階から始まるプロセスで、プライバシーバイデザインを確実にするものである。PIAは、プロジェクトが展開されるまで、そしてその後も継続するプロセスである」とある。

EU一般データ保護規則(General Data Protection Regulation：GDPR)における記述は、Data Protection Impact Assessment(DPIA)という名称を使っている。DPIAの明確な定義はGDPRではされていないが、第35条は、「DPIAとはコンプライアンスを確立し、証明するプロセス」としている。また、「DPIAの義務を遵守しない場合は、所轄監督機関から罰金を科されることがある」とも記されている。概念そのものは定義していないが、予期される取扱い作業および目的の体系的な記述であり、「必要に応じてデータ管理者が追求する正当な利益、また、そ

の目的に関連して、その取扱作業の必要性の評価、データ主体の権利および自由に対するリスクの評価、および、個人データを保護し、データ主体とその他の関係者の権利及び正当な利益を考慮して、規則に準拠していることを証明するためのプライバシーリスク保護措置および仕組み」とある。

英国やカナダの PIA ガイドラインにおける記述は、「個人情報の収集を伴う情報システムの企画、構築、改修に当たり、情報提供者のプライバシーへの影響を「事前」に評価し、情報システムの構築・運用を適正に行うことを促す一連のプロセス」である。また、設計段階からプライバシー保護策を織り込むことにより、「公共の利益」と「個人の権利」を両立させることを目的に実施され、PIA を実施することにより、「情報システム稼働後のプライバシーリスクを最小限に抑えることができ、改修とそれに伴う追加費用の発生の予防にもなる」とある。

国際標準規格やガイドラインの表現は若干異なるが、PIA の主旨は以下の共通点がある。

- 個人情報を扱うシステムに対し
- 構築運用前に
- 中立的な専門家により
- プライバシーリスクおよび必要な保護措置を明確にし
- ステークホルダとの協議に利用する。

日本では、マイナンバー制度で実施している特定個人情報保護評価を公式文書で PIA と記載している。また、マイナンバー制度における記述は、「事務に対し、特定個人情報ファイルを保有しようとする又は保有する国の行政機関や地方公共団体等が、個人のプライバシー等の権利利益に与える影響を予測した上で特定個人情報の漏えいその他の事態を発生させるリスクを分析し、そのようなリスクを軽減するための適切な措置を講ずることを宣言するもの」とある[6]。

一部のデータのみを扱う事務に限定され、また運用に重きが置かれている。職員による自己評価であり、また、パブリックコメントという形式は採っているが、適正な協議に重点が行われておらず、ISO 22307 などの国際標準規格の定義とは異なると考える[11]。特に、特定個人情報保護評価の手法や体制を民間で利用することは不可能である。

諸外国では、まず公的機関での PIA の実施を法律で規定し、民間は努力目標である国が多い。つまり、公的機関が実施することで、体制やガイドラインの整備、実施事例の公開などを行い、民間での実施の負荷を軽減している。しかし、日本の場合は公的機関では実施をせず、民間企業における実施を促している[13]。

ISO 22307 および ISO/IEC 29134 の国際標準規格書に具体的な手順は記されていない。また、諸外国で発行したガイドラインは各国の法や社会制度などに準拠しており、そのまま日本で利用できない。

こうした事情を踏まえ、本書では、日本の法制度や社会制度を考慮し、国際標準規格に準拠した PIA の具体的な実施手順や事例をまとめている。

## 1.3　監査と PIA の相違

監査と PIA は類似の技術を必要とするが、根本的に異なる[8][15]。

監査は、個別的な業務システムの運用時点における法律やガイドラインなどのコンプライアンス要件との適合性を判断し、法律や規則との不適合を回避するためのステップである。つまり、ルールにもとづいた運用の実態を確認するステップであり、PDCA（Plan（計画）、Do（実行）、Check（評価）、Act（是正））サイクルの Check の段階に行う。これは、主として既存システムを対象とし、実際運営した実績に関し、規格や法律との適合性を検証するためのものである。

一方、PIA はシステム開発の初期段階で用いられ、プライバシーに

関する最適のオプションや解決策を特定するのに役立つ予測的手法であり、Plan の段階で行う。

　以上のように、監査は決められたルールに基づき組織が適正に運営されているか確認し、問題あれば是正を行う。一方、PIA ではシステムを構築あるいは運用を開始する前に、起こり得るプライバシーリスクを評価し、事前にシステム構築あるいは運用の課題（技術的・法的）の是正を行うと同時に、情報を提供する個人との合議を行う。

　監査と PIA の類似性は、セキュリティ要素技術やセキュリティマネジメント技術に関する技能を用い、プライバシー侵害を回避しようとするところにある。

　以上からシステム設計時あるいは個人情報の収集開始前に、PIA を実施し、運用においてプライバシーマークやセキュリティ監査を実施するなどの組合せが、個人情報・プライバシー保護には有効といえる。

第 1 部　プライバシー影響評価（P I A）の概要

# 第 2 章
# PIA に関連する国際規格および法令

## 2.1　ISO 22307 : 2008

　ISO 22307（Financial service—Privacy Impact Assessment）は、国際標準化委員会ISO TC68/SC7（金融サービス）により 2008 年 4 月に発行された、初めてプライバシー影響評価を規定した国際標準規格である。この内容は金融業界以外の他の業種にも適用できる[8]。

　ISO 22307 は、以下の 6 項目を PIA 実施における要求事項としている。

① 　PIA 計画
② 　PIA 評価
③ 　PIA 報告
④ 　十分な専門知識
⑤ 　独立性と公共性の程度
⑥ 　対象システムの意思決定時の利用

　このうち、前 3 項（①〜③）が PIA の実施手順に相当し、後 3 項（④〜⑥）が PIA の実施体制に相当する。これらの要求事項の記述は shall（〜するべきである）であり強制表現である。

## 2.2　ISO/IEC 29134 : 2017

　ISO/IEC JTC1/SC27 より ISO/IEC 29134（Information technology—Security techniques—Guidelines for Privacy Impact Assessment）が 2017 年 7 月に発行された。ステークホルダの特定・協議やリスク対応

の重要性について記載するなど、民間利用を想定した具体的な PIA の位置づけや実施手順について規定している[9]。ただし、要求事項の記述は、should(〜するとよい)であり推奨表現である。また、基本的な要求事項は、ISO 22307：2008 に規定された 6 つの要求事項を踏襲しているが、規格文書では ISO 22307 を引用していない。引用しない理由は不明である。**表 2.1** に ISO 22307 と ISO/IEC 29134 の比較を示す。

　PIA の実施目的は、3 つに分けられる。

① 　Privacy by Design：PIA は、情報システムのライフサイクルにおいて、企画段階で事前にプライバシー対策を考慮するという、プライバシーバイデザイン(計画的プライバシー対策)のコンセプトが取り入れられている。一般的に、情報システムのセキュリティ対策にかかるコストは、後工程になるほどコストがかかるといわれている[16][17]。

② 　Stakeholder Engagement：PIA を実施することにより、異なる利害関係をもつステークホルダ間の信頼構築に結び付けることができる。PIA はさまざまな利害関係者の合意のもとで実施するため、ステークホルダエンゲージメント(ステークホルダ間の協議による信頼構築)が重要である。ISO/IEC 29134 では PIA の各プロセスで、ステークホルダとの協議を行うことを推奨している[18]。

③ 　Due Diligence：PIA の実施をデューデリジェンスとして利用することが可能であるとしている。デューデリジェンスとは、個人情報保護における注意義務および努力義務である。個人情報を扱うシステムの開発においては、個人情報漏えいなどの事故があったときの責任分岐点を決める考え方となる。事前に、業務の過程で起こり得る潜在的なプライバシーリスクを特定し、対処する PIA のプロセスが、デューデリジェンスに相当する。

表 2.1 ISO 22307 と ISO/IEC 29134 の比較

| | ISO 22307 | ISO/IEC 29134 |
|---|---|---|
| 目的 | • 金融分野におけるプライバシーを保護する影響評価の要求事項を規定 | • プライバシー影響評価の手順と報告書の構成などの推奨事項を規定 |
| 要件 | ① PIA 計画<br>② PIA 評価<br>③ PIA 報告<br>④ 十分な専門知識<br>⑤ 独立性の度合いと公的側面<br>⑥ 情報システム開発の意思決定時の利用<br>＊①～③：手順、④～⑥：体制 | (1) PIA 分析の準備<br>(2) PIA の実施手順<br>①はじめに、②予備分析、③PIA 準備、④PIA 実施、⑤PIA のフォローアップ<br>(3) PIA 報告書<br>①はじめに、②レポート構成、③PIA の範囲、④プライバシー要求事項、⑤リスクアセスメント、⑥リスク対応計画、⑦結論と決定、⑧パブリックサマリー |
| 引用規格 | • OECD プライバシー保護と個人データの国際流通についてのガイドライン(1980 年) | • ISO/IEC 29100(情報技術—セキュリティ技術—プライバシーフレームワーク)<br>• ISO/IEC 27000(ISMS 規格についての概要と基本用語集)<br>• ISO/IEC 27001(組織の ISMS を認証するための要求事項) |
| 第三者確認 | • 規定なし | • 第三者機関のレビューは PIA 報告書の信頼性を与え、透明性を向上させる。 |
| その他 | • Shall 表現<br>• プライバシー適合性監査とプライバシー影響評価を明確に分ける記述がある。 | • Should 表現<br>• ISO 31000 が引用されていない。リスク評価が ISMS(ISO/IEC 27001、29151)的である。 |

## 2.3 ISO/IEC 29100：2011

ISO/IEC 29100：2011 は、プライバシーフレームワークを規定した国際規格である。2017 年 6 月には日本産業規格 JIS X 9250：2017 とし

第1部 プライバシー影響評価（PIA）の概要

て発行された[18][19]。

ISO/IEC 29100 ではプライバシー保護のための考慮事項(11 原則)が記載されている。ISO/IEC 29100 の 11 原則は、1980 年に発行されたOECD プライバシーガイドラインの 8 原則(OECD8 原則)を前提に、その後の個人のプライバシーに対する扱い方や個人情報の扱い方、およびそれらを取り巻く環境の変化に対応している。ISO/IEC 29100 の 11 原則では新たな項目として、「同意と選択」「データ最小化」「コンプライアンス」が追加された。また、OECD8 原則の項目に対応する項目についても、内容が具体的に、明確に記述された。なお、ISO/IEC 29134：2017 は ISO/IEC 29100 を引用している。

## 2.4　EU 一般データ保護規則

EU 一般データ保護規則(General Data Protection Regulation：GDPR)は、EU(欧州連合)におけるデータ保護制度で、2018 年 5 月 25 日に完全施行した。GDPR は国際標準規格ではないが、PIA において参照すべき重要なコンプライアンス事案である[4]。

GDPR は、1995 年に採択された EU データ保護指令(95/46/EC)に代わる制度で、データ保護に関するルールが指令(Directive)から規則(Regulation)に格上げされた。これは、加盟国に直接の効力をもち、国内法に優先することを意味する。また、適用の地理的範囲は EU 域内に限定せず、「EU 域内に拠点のない管理者又は取扱者による EU 在住のデータ主体の個人データの取扱いに適用される」とある(第 3 条第 2 項)。

GDPR では、データ管理者の新たな義務について、第 35 条などでデータ保護影響評価(Data Protection Impact Assessment：DPIA)について規定した[2][5]。DPIA の実施手順について、GDPR には具体的な記載はないが、図 2.1 のような実施フローが報告されている[18]。

なお、EU 各国では、PIA ガイドラインの整備が進められている。

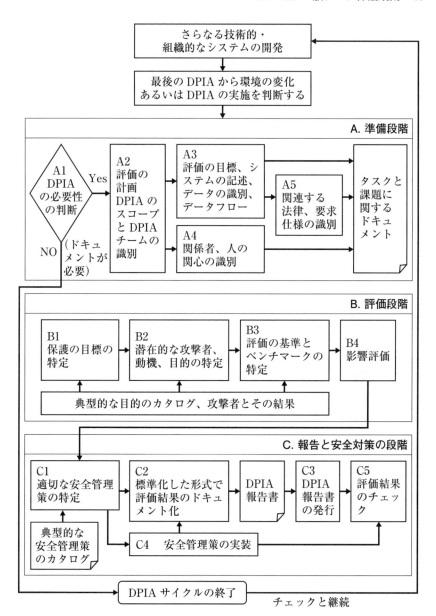

図 2.1 データ保護影響評価(DPIA)実施手順

## 2.5　英国および英国連邦

　1998 年に施行したデータ保護法に基づき、独立した監督機関である ICO（Information Commissioner's Office）が設置された。設置当初は EU データ保護指令 28 条の監督機関に相当し、個人や団体などからの苦情受付と対応、データ保護法への遵守に向けたベストプラクティスの提供を行っている。その他の英国連邦諸国では、カナダ、オーストラリア、ニュージーランドで PIA が実施されている。いずれの国においても、個人データに関する独立した監督機関であるプライバシーコミッショナーが設置され、PIA ガイドラインを発行している[1]。

　英国では 2008 年以降中央省庁での PIA 実施を義務づけており、独立した監督機関である ICO が PIA 実施の手引として *Privacy Impact Assessment Handbook*（2007 年）、*Conducting Privacy Impact Assessment Code of Practice*（2014 年）を提供している[1][2][12]。

## 2.6　米国

　2002 年に施行した電子政府法 208 条に基づき、各行政機関が個人情報を直接的または間接的に推定可能な方法で収集する場合、または配信するための情報技術を開発または調達する場合、事前に PIA を実施することを義務づけている。また、国土安全保障法第 222 条に基づき、役所ごとに CPO（Chief Privacy Officer）の任命を義務づけている。CPO は PIA を承認する権限を有する[1]。

　PIA の実施例には、2004 年に導入した米国に入国する外国人を対象としたバイオメトリクスを用いた個人認証プログラムである US-VISIT（United States Visitor and Immigrant Status Indicator）がある。

## 2.7　韓国

　2011 年に施行した個人情報保護法第 33 条に基づき、個人情報影響評

価(PIA)の実施を義務づけている。PIA 実施体制としては、個人情報保護委員会が独立した監督機関の役割を果たしている。また、安全行政部、KISA(韓国インターネット振興院)が民間企業向け個人情報影響評価遂行ガイドを発行している。PIA の実施は、認定された評価機関によって行われている[1][21]。PIA の実施例は、2007 年に導入した外交部の新電子パスポート、教育部の NEIS(教育行政システム)等をはじめとした PIA 実施実績がある。民間企業でも PIA が実施されている。

## 2.8　日本

### (1)　公的機関での活動

日本では、2015 年に施行された番号法に基づき、マイナンバー(個人番号)を含む個人情報を「特定個人情報」と定義し、マイナンバーを管理する各自治体に対し、特定個人情報保護評価の実施を義務づけた。

特定個人情報保護評価の目的は、住民の権利利益の侵害を未然に防止し、信頼を確保することである[6]。評価の実施結果については、特定個人情報保護評価書の形で公表する。また、対象自治体の規模等によっては、特定個人情報保護評価書について、専門性を有する第三者で構成される点検委員会による第三者点検を受ける必要がある。

特定個人情報保護評価は、評価の対象がマイナンバーのみであり、個人情報単独は対象外である。また、いくつかの点において、特定個人情報保護評価は海外で実施されている PIA とは異なる[18]。

海外で実施している PIA は実施者(評価者)の要件について、「原則として厳密な専門性、中立性を有する者」と規定している[13]。しかし、特定個人情報保護評価には実施者の要件についての規定がなく、自己評価(評価と宣言)をベースとしている。また、自治体ごとに設置した、第三者で構成された点検委員会が評価書の点検を行っているが、点検委員会の構成要件や権限が明確に規定されておらず、PIA におけるプライ

バシーコミッショナーの位置づけとは機能的に異なる。

## (2)　民間での活動

　日本では 2020 年 9 月現在、法的根拠に基づく PIA 実施体制は整備されておらず、研究・試行段階である[1][12][13]。2006 年に法務省の依頼により、顔、指紋を扱う入国管理システムに対して、産業技術大学院大学（以下、産技大）で PIA を実施したのが初めてである[1]。以来産技大にて、認証サービス、グループウェアシステム、健診データ EHR システム、監視カメラシステム等で PIA を実施した。PIA 実施と並行し、各組織での PIA 導入支援として、PIA ハンドブック・PIA マニュアルを作成し、PIA におけるリスク分析手法を具体的に提案した。

　また、産官学連携での PIA 導入支援の一環として、産技大に「次世代ネットワーク型監視カメラのプライバシー保護研究専門委員会」（委員長：瀬戸洋一）を設置し（2015～2017 年）、防犯カメラの高性能化、多目的化に対応し、防犯カメラの設置・運用における PIA 実施体制の整備と PIA マニュアル作成に向けた取組みを行った[11]。

　その他、民間企業でもビジネスメニューに PIA を取り上げている。例えば、（一社）日本インタラクティブ広告協会、デロイトトーマツ、日立コンサルテーションなどがある。詳細はインターネット検索で確認できる。

## (3)　日本産業規格

　2019 年度、JIPDEC（（一財）日本情報経済社会推進協会）で ISO/IEC 29134：2017 の日本産業規格化を目的に、ドキュメントの翻訳プロジェクトを実施した。2021 年に JIS X 9251 が発行される予定である。

　表 2.2 は、各国の PIA の実施状況についてまとめたものである。

第1部　プライバシー影響評価（PIA）の概要

表2.2　各国におけるPIAの実施状況

| | EU | 英国 | カナダ | 米国 | 韓国 | 日本行政・自治体 |
|---|---|---|---|---|---|---|
| 法的根拠 | ・GDPR35条で、「データ保護影響評価（DPIA）」について定めている。<br>・36条において取扱い対象の情報が機微である場合のリスクが高い場合の監督機関への事前協議を行う手続きを規定。 | ・法的根拠はないが、ICOが主導で、ガイドラインやハンドブックを発行。 | ・法的根拠はないが、連邦政府機関において義務づけられ予算承認プロセスに組み込まれている（ISO 22307適合）。 | ・米国電子政府法第208条（ISO 22307適合）。 | ・個人情報保護法第33条 | ・行政手続きにおける特定の個人を識別するための番号の利用者に関する法律第26条 |
| ガイドライン | ・GDPRに完全準拠のガイドラインは、現時点で発行されていない。 | ・ICOからPIA code of practiceを発行。 | ・Office of the Privacy Commissioner of CanadaによるPIA指令。 | ・実施組織のCPOにより発行。 | ・行政安全部・韓国インターネット振興院により実施ガイドを発行。 | ・特定個人情報保護評価指針。<br>・報告書は公開。 |
| 第三者機関 | ・GDPR38条では、管理者と処理者は、DPOが「個人データの保護に関連するすべての問題において、適切かつ適時に関与することを保証すると規定。 | ・ICO（Information Commissioner's Office） | ・Office of the Privacy Commissioner of Canada | ・US・VISITなどのシステム構築においてはCPOの設置を義務づけ。 | ・個人情報保護委員会 | ・特定個人情報保護委員会。<br>・点検委員会／個人情報審議会。 |
| 実施事例 | ・GDPR/DPIAに完全準拠したものは、現時点で未確認。 | ・公共的なシステムで実施実績あり。警察全国データベースの導入の際に実施等。 | ・行政機関の実施義務あり、複数の実施事例。<br>・報告書は、場合により公開。 | ・政府機関のPIAの実施が義務づけ。<br>・報告書は原則公開。 | ・公共機関にPIA実施。<br>・報告書は非公開。 | ・行政機関、自治体で実施。特定個人情報報告書が公開。 |

# 第3章
# PIA 実施マニュアル開発のための
# ISO/IEC 29134 要求分析

## 3.1　分析方法

　ISO/IEC 29134 適合の PIA 実施マニュアル開発に当たり、既開発の ISO 22307：2008 適合 PIA 実施マニュアルの章に沿って、対応する ISO/IEC 29134：2017 の記述箇所を参照し、分析を行った。また、分析結果に応じて PIA 実施マニュアルの修正、追記等を行った。

## 3.2　分析結果

　表 3.1 は、既開発の PIA 実施マニュアルの目次と、参照した ISO/IEC 29134 の対応箇所およびマニュアル改訂のための検討一覧である[10][18]。

### 3.2.1　全般

### （1）　PIA の定義

　ISO/IEC 29134 には PIA の定義に関係した以下の記述がある。

　「個人識別可能情報(PII)を処理プロセス、情報システム、プログラム、ソフトウェアモジュール、デバイス又はその他の取組みにおけるプライバシーに対する潜在的な影響をアセスメントするための手段であり、ステークホルダ間で協議してプライバシーリスクに対応するために必要な行動を起こすための手段である。PIA 報告書には、ISO/IEC 27001 における情報セキュリティマネジメントシステム(ISMS)による措置など、リスク対応のための措置に関する文書が含まれている場合が

表 3.1　PIA 実施マニュアルの主な検討一覧

| PIA マニュアルの目次 | | ISO/IEC 29134：2017 | 検討事項 |
|---|---|---|---|
| 1 章　はじめに | | はじめに | (1) PIA の定義 |
| 2 章　プライバシー影響評価 | | 5.1　PIA 実施便益<br>（PIA 実施の利点） | (2) PIA を実施することの利点 |
| 3 章　監視カメラシステムにおけるプライバシー<br>影響評価実施の概要 | | ドキュメント全体 | (3) PIA 実施手順 |
| 4 章　実施の判断 | | 6.2　PIA の必要性の決定 | (4) 予備 PIA の目的と PIA 実施判断基準 |
| 5 章　PIA 実施 | 5.1　プロジェクト計画書の作成<br>5.2　評価準備 | 6.3　PIA の準備<br>6.4.3　利害関係者との協議 | (5) 評価準備<br>(6) 評価シートの作成 |
| | 5.3　リスク分析 | 6.4.1　PII の情報フローの識別<br>6.4.2　ユースケースの内容分析<br>6.4.4　プライバシーリスクの評価 | (7) システムリスク分析<br>(8) 業務フローリスク分析<br>(9) リスク対応 |
| | 5.4　影響評価 | 6.4.5　プライバシーリスクの取扱い準備<br>7.5　リスクアセスメント | (10) 影響評価 |
| | 5.5　PIA 報告書の作成<br>5.6　PIA 報告書の提出 | 7.2　PIA 報告書の構成<br>7.4　プライバシー要件（プライバシー要求事項）<br>7.8　PIA パブリックサマリ | (11) PIA 報告書の作成<br>(12) PIA 報告書の提出 |

あり、PIA はツール以上のものである。システム開発の早い段階から始まるプロセスで、プライバシーバイデザインを確実にするものである。PIA は、プロジェクトが展開されるまで、そしてその後も継続するプロセスである。」

PIA 実施の要点は、以下のとおりである。

- 対象とするのは個人情報を処理するプログラム、およびシステムである。
- 潜在的なリスクを評価する。
- 早期にプライバシーバイデザインを実現する。
- マニュアルに改訂があった場合、再度実施する。

以上は、既存のマニュアルと齟齬がない。ただし、PIA 報告書の記述に ISMS に関する文書が含まれる。

## (2) PIA を実施することの利点

ISO/IEC 29134 には以下のような記述がある。

「PIA は Due Diligence の指標として使用でき、監査回数を削減することができる。」

デューデリジェンスとは、「ある行為者の行為結果の責任をその行為者が法的に負うべきかを意思決定する際に、その行為者がその行為に先んじて払ってしかるべき相当の注意義務および努力」である。つまり、「セキュリティはいかなる対策をしても、時間とともに脆弱性が露呈し、セキュリティレベルが低下する。開発初期段階で、可能な限り対策を検討し、事前評価によるプライバシーリスクの低減を図ることにより、ある程度の責任が免責になるということ」である。この観点で、既存のマニュアルに記載している PIA 実施目的の記述とは齟齬がない。

デューデリデンスについての観点は、ISO/IEC 29134 で初めて明記された概念で、事前のリスク対策の面で PIA の目的を補完する概念で

あることから、PIA 実施マニュアルにも追記した。

## (3)　PIA 実施マニュアル

　ISO/IEC 29134 に記載されている PIA 実施ガイダンスは、準備、実施、報告の流れに沿っている。ISO 22307 の要求事項「① PIA 計画、② PIA 評価、③ PIA 報告」の構成と同じであり、既存のマニュアルと齟齬がない。

　ISO/IEC 29134 では PIA の各プロセスにおいて、入力、実施(目的、アクション)、出力(期待される成果)と明確なフェーズが示された。PIA の各プロセスで作成したドキュメント類を出力とし、次のプロセスの入力としている。この構成は PIA 実施マニュアルの記述にも反映した。

## 3.2.2　PIA 実施の準備

## (4)　予備 PIA の目的と PIA 実施判断基準

　ISO/IEC 29134 では、PIA 実施に先立って、予備評価を行うことを規定している。この予備評価の結果をもって、PIA の必要・不必要を判断する。また、「PIA の実施を必要と判断した場合、PIA の実施計画書を作成する」という記述がある。

　ISO/IEC 29134 では、PIA の実施を必要と判断した場合について、「組織は、PIA の適切な範囲、PIA の規模、および PIA の実施プロセスを決定し文書化する」という記述がある。

　上記の記述は、既存のマニュアルにおいても、PIA 本評価の必要・不必要は実施依頼組織の判断であること、予備 PIA 報告書におけるPIA 実施の推奨について強制力をもたないことを明確にしている。予備 PIA の位置づけは既存のマニュアルと齟齬がない。

## （5） 評価準備

ISO/IEC 29134 では PIA の準備プロセスとして、以下について規定している。

- 実施体制の整備
- 対象範囲の特定
- 評価基準
- スケジュールの策定
- ステークホルダエンゲージメント

ISO/IEC 29134 ではステークホルダエンゲージメントとは、「PII (Personally Identifiable Information：個人識別可能情報)の処理によって影響を受ける可能性がある個人を特定し、協議によって影響を最小限に抑える一連の手順」である。PIA のようなさまざまな利害関係者間の合意のもとに実施するプロセスは重要である。ステークホルダとの協議は既存のマニュアルにも記載があるが、「ステークホルダの特定」「協議計画の策定」「ステークホルダとの協議」の 3 つの役割については既存マニュアルに明記してある。

## （6） 評価シートの作成

評価シート作成における実施ガイダンスについて、ISO/IEC 29134 には、「前のプロジェクトから利用可能な関連情報を使用すること」という記述がある。ISO/IEC 29134 の 6.2 節「実施の判断」では、PIA を実施することが望ましい条件として、既存システム改修のケースが明記されている。既存システム改修の場合、入手可能な情報、詳細評価の必要性の有無等、新規開発のケースとは状況が異なる場合がある。評価シートの作成に当たり、状況に応じて詳細 PIA と簡易 PIA のどちらで実施するか、選択可能であることは既存のマニュアルでも明記している。

なお、ISO/IEC 29134 では評価項目のプライバシー保護要件とし

第 1 部　プライバシー影響評価（PIA）の概要

て、ISO/IEC 29100 の記述をもとにするとしている。既存のマニュアルも ISO/IEC 29100 を参照している。

### 3.2.3　リスク分析・影響評価

#### （7）　システムリスク分析

システムリスク分析の手順について、ISO/IEC 29134 では以下のように記述している。

「組織は、プライバシーリスクの影響を判断するために使用する基準を定義することが望ましい。これらの基準は附属書 A（ISO/IEC 29134 の巻末に記載）で示したものに基づくものでもよいし、組織で別々に定義してもよい。プライバシーリスク分析の成果は、PIA 報告書で文書化されることが望ましい。」

システムリスク分析の手順に関しては、既存のマニュアルと齟齬はない。

#### （8）　業務フローリスク分析

ISO/IEC 29134 には業務フローリスク分析の手法については明確な記述はない。個人情報は、業務において、データの収集、保管、処理、破棄などの一連の業務フローにおけるリスクを把握することが必要である。既存のマニュアルにおいて、業務フローリスク分析は重要な分析書の一つである。そのため、リスク分析手法に関する記述の変更は行わない。

#### （9）　リスク対応

ISO/IEC 29134 の「実施ガイダンス」の記述で実施例として言及しているリスク分析手法では、附属書 A および附属書 D で ISMS（Information Security Management System）等で一般に採用されているプラ

イバシーリスクマップを挙げている。プライバシーリスクマップでは、想定される影響レベルと発生頻度に基づき、移転、回避、保有、低減の4つの選択肢から管理策を選択する。

　本来、個人情報保護に関しては、PII 管理者は事業者または個人から個人情報を預かる立場であり、リスク管理策の観点で判断すべきではない。PIA におけるリスク分析は ISMS のリスク分析の手法と異なり、リスク分析とリスク管理策の検討において、リスクを「低減」または「回避」するための管理策を選択する。**表 3.2** に示す JIS Q 15001：2017 に基づいた PMS(Personal information protection Management Systems)に近い。ただし PMS では影響度評価の具体的な手順までは規定していないため、影響評価については ISMS で規定されている実施手順を採用することが望ましいが、個人情報のリスク対応は、移転や保有を採用するのではなく、システムを構築・運用する前に実施する PIA においては、回避や限りない低減を図る必要がある。そのため、ISO/IEC 29134 の「実施ガイダンス」の記述で実施例としているプライバシーリスクマップを使用したリスク分析は、採用しない方針とした。

**表 3.2　ISMS と PMS の比較**

|  | ISO 27005：2011(ISMS) | JIS Q 15001：2006(PMS) |
|---|---|---|
| 管理対象 | 自分の資産(ビジネスプロセス活動、情報) | 他人の個人情報 |
| 許容リスク | 水準以下のリスクは受容 | 残存リスクも顕在化防止 |
| 分析手法 | 静的な分析 | ライフサイクルごとの分析 |
| 脅威分析 | 実施する | 実施しない |
| 影響度評価 | 明確な手順あり | 手順は不明確 |

　　　　：PIA の参考となる項目

第1部　プライバシー影響評価（PIA）の概要

## （10）　影響評価

ISO/IEC 29134 では影響評価の概要について、以下のように記述している。

「要求事項に関し、PIA チームは、評価プロセスがそれぞれの義務と異なる側面に準拠していると判断される場合や、完全に準拠していないと判断される場合など、項目ごとにその項目と影響度を記述することが望ましい。」

また、「この項目と度合いに基づいてリスク対応計画を実施すること」としている。

ISO/IEC 29134 ではリスク対応を実施するプロセスに ISMS の考え方が反映されている。PIA は本来、要求事項に関して適合か不適合かの評価を行い、改善策を提案するプロセスである。これに対して、PIA 実施マニュアルでは影響評価の方法は従来どおりとし、改訂は行わない。

また、「(9) リスク対応」で既に考察したように、影響評価はリスクを「低減」または「回避」することを目的として実施する。このため、影響評価の実施方法として、既存の PIA 実施マニュアルで示した、双方向ギャップ分析を引き続き採用する[10]-[13]。双方向ギャップ分析では、リスクを認識し、対応計画が実施されているかどうかを評価する「リスク対策計画の評価」と、識別したリスクを要求事項が網羅しているかどうかを評価する「要求事項の完備性の評価」の 2 つの観点から評価を行う。

## 3.2.4　報告書作成

### （11）　PIA 報告書の作成

ISO/IEC 29134 では PIA 報告書の表紙に記載すべき事項として、以下のように記述している。

「少なくとも実施対応の名称(プロセス、情報システム、プログラムなど)、PIAを実施した組織名と連絡先、問い合わせ先担当者(詳細なコンタクト方法)、ドキュメントのバージョンおよびPIA報告書の発行年月日を記載する。また、PIA実施者が異なる場合、質問に対応できる窓口を明記することが望ましい。」

表紙への記載事項は既存のPIA実施マニュアルでは定義していないため、追記する。

### (12) PIA報告書の提出

ISO/IEC 29134では、PIA報告書の公開に当たり、以下のように記述している。

「ユーザにプライバシーリスク情報を提供しインフォームドコンセント(説明と同意)を公開するために、PIAのパブリックサマリをPIA報告書より作成することが望ましい。サマリは、完全なPIA報告書に記載されている商業的にセンシティブな情報を取り除き、PIIプリンシパル(主体)に関係するポイントのみを記載することが望ましい。」

既存のPIA実施マニュアルには、ウェブサイト等での公開を想定したパブリックサマリの作成はしているが、明示的な記載はないので明記した。

## 3.3 考察

ISO 22307ベースで開発したPIA実施マニュアル(既存マニュアル)とISO/IEC 29134を比較・分析した結果、既存のPIA実施マニュアルの基本構成であるISO 22307について、以下の6つの要求事項は踏襲されていることが確認できた[18]。

- PIA実施手順に関する事項
  (1)PIA計画、(2)PIA評価、(3)PIA報告

- PIA 実施体制に関する事項

   (4)十分な専門知識、(5)独立性と公共性の程度、(6)対象システ
   ムの意思決定時の利用

　ISO/IEC 29134 では 6 つの要求事項に加えて、新たに以下の項目に
ついて明示された。

- デューデリジェンス
- ステークホルダエンゲージメント
- リスク対策
- パブリックサマリ

　以上は、PIA の位置づけを明確にする事項であり、既存のマニュア
ルで改訂した。

# 第4章
# PIA 実施手順の概要

　図 4.1 に ISO/IEC 29134 準拠の PIA 実施手順を示す。PIA の各プロセスにおける入力、手順（目的およびアクション）、出力（期待される成果）は、ISO/IEC 29134 の記述に合わせた。詳細は**第 2 部**で説明する。

## 4.1　PIA 実施の準備

### （1）　予備評価

　本評価の実施前に、予備評価（以下、予備 PIA）を実施する。予備 PIA では、実施スケジュールおよび体制（人員）確保、実施形態の決定を報告書にまとめる。ただし、実施依頼組織の責任者の判断で予備 PIA の実施を省略し、PIA 実施計画を策定し、PIA（本評価）プロジェクトを実施してもよい。

　予備 PIA の結果を基に PIA（本評価）の必要・不必要と PIA（本評価）の実施形態（簡易および詳細）について決定する。

### （2）　評価準備

　予備 PIA 実施後、PIA 本評価実施計画を策定する。PIA プロジェクトの推進に当たり、PIA 実施体制を整備し、PIA の対象範囲、参照すべき法令や規格、ガイドライン、組織の内部規程を特定する。参照規格をもとに、対象システムのプライバシーリスクの影響を評価する評価基準を評価シートとしてまとめる。また、評価対象システムの設計書などをもとに、評価の基本となるシステム分析と業務分析を実施し、システ

| | PIA 実施の準備 | | PIA 評価の実施 | | PIA の報告 |
|---|---|---|---|---|---|
| | 予備評価 | 評価準備 | リスク分析 | 影響評価 | 報告・レビュー |
| 入力 | • システム設計書<br>• 業務概要書<br>• 運用管理規程など | • 評価対象関連文書<br>• 参照規程文書<br>• 評価方針(詳細、簡易) | • 対象システム関連文書<br>• 参照規程文書<br>• システム分析書<br>• 業務フロー分析書<br>• 安全管理措置関連資料 | • システムリスク分析書<br>• 業務フローリスク分析書<br>• 安全管理措置関連資料<br>• 評価シート | • 影響評価報告書および関連資料 |
| 手順 | • 評価関連資料の収集<br>• 対象範囲の確定<br>• 保護すべき個人情報の抽出 | • 対象システムの分析<br>• 業務フローの分析<br>• 評価シートの作成 | • システムリスク分析手法の選定<br>• システムリスク分析 | • 影響評価の実施 | • PIA 報告書の作成 |
| 手順 | • 対象システム、個人情報フローの分析 | • 実施体制の整備<br>• 対象範囲の特定<br>• 参照規程文書、組織内規程などの特定<br>• ステークホルダの特定と協議計画の策定 | • 個人情報管理台帳の作成<br>• 業務フローリスク分析手法の選定<br>• 業務フローリスク分析 | • リスク対応計画の策定 | • PIA パブリックサマリ報告書の作成 |
| 手順 | • 影響評価<br>• 簡易および詳細 PIA の判断<br>• 予備 PIA 報告書の作成 | • 実施スケジュールの策定<br>• PIA 実施計画書の作成 | • ステークホルダへのヒアリング | • ステークホルダへのヒアリング | • ステークホルダによるレビュー<br>• PIA 報告書の提出・公開 |
| 出力 | • 予備 PIA 報告書 | • システム分析書<br>• 業務フロー分析書<br>• 評価シート<br>• PIA 実施計画書 | • システムリスク分析書<br>• 業務フローリスク分析書 | • 影響評価報告書 | • PIA 報告書<br>• PIA パブリックサマリ報告書 |

図 4.1　ISO/IEC 29134 準拠の PIA 実施手順

ム分析書、業務フロー分析書を作成する。併せて、ステークホルダエンゲージメントとして、PIA 実施対象システムで処理を行うことにより影響を受ける個人と、関係するステークホルダを特定し、協議計画を立てる。

## 4.2 PIA 評価の実施

### (1) リスク分析

対象システムのプライバシーリスク評価に先立ち、評価チームは、システム分析書、業務フロー分析書、評価シートに基づき、システムリスク分析、業務フロー分析を行う。分析結果をもとに、システムリスク分析書、業務フローリスク分析書を作成する。必要に応じて、ステークホルダにヒアリングを実施する。

### (2) 影響評価

評価シート、システムリスク分析書、業務フローリスク分析書に基づきプライバシーリスク評価を行う。評価結果をもとに、プライバシー影響評価報告書を作成し、企画・開発段階における事前のプライバシーリスク低減と回避に向けた指摘事項や助言事項を記載する。

## 4.3 PIA の報告

評価チームは、報告・レビューを実施する。プライバシーリスク分析影響評価の結果をもとに、PIA 報告書を作成する。また、公開用の報告書(パブリックサマリ)および実施責任者用にエグゼクティブサマリを作成する。作成した PIA 報告書は公開し、ステークホルダのレビューを受ける。

第1部 プライバシー影響評価(PIA)の概要

## 第 1 部の参考文献

［1］　瀬戸洋一、伊瀬洋昭、六川浩明、新保史生、村上康二郎(2010)：『プライバシー影響評価 PIA と個人情報保護』、中央経済社。

［2］　小泉雄介(2017)：「プライバシー影響評価(PIA)の海外動向と日本への応用」，『日本データ通信』、pp.10-12、No.214、2017 年 3 月号。

［3］　瀬戸洋一(2017)：『プライバシーリスク対策技術テキスト』、Kindle ダイレクト・パブリッシング。

［4］　日本貿易振興機構　ブリュッセル事務所(2016)：『EU 一般データ保護規則(GDPR)」に関わる実務ハンドブック(入門編)』(https://www.jetro.go.jp/ext_images/_Reports/01/dcfcebc8265a8943/20160084.pdf)

［5］　日本情報経済社会推進協会：『個人データの取扱いに係る自然人の保護及び当該データの自由な移転に関する欧州議会及び欧州理事会規則(一般データ保護規則)(仮日本語訳)』(https://www.jipdec.or.jp/archives/publications/J0005075)

［6］　個人情報保護委員会事務局(2018)：『特定個人情報保護評価の概要』(https://www.ppc.go.jp/files/pdf/20160101hyoukasyousai.pdf)

［7］　警察庁(2017)：『平成 28 年中におけるサイバー空間をめぐる脅威の情勢等について』(https://www.npa.go.jp/publications/statistics/cybersecurity/data/H28cyber_jousei.pdf)

［8］　ISO：ISO 22307：2008 *"Financial services—Privacy impact assessment"*

［9］　ISO：ISO/IEC 29134：2017 *"Information technology—Security techniques—Guidelines for privacy impact assessment"*

［10］　永野学、瀬戸洋一ほか(2015)：『個人情報影響評価ガイドラインの開発』、日本セキュリティマネジメント学会誌、pp. 3-16、No. 1、Vol. 29、2015 年 5 月号。

［11］　瀬戸洋一(2016)：『監視カメラシステムにおけるプライバシー影響評価マニュアル』、産業技術大学院大学。
　　　→ウェブサイトでの公開は 2020 年 3 月で終了。必要な場合は、以下［12］を参照。

［12］　瀬戸洋一著(2017)：『プライバシー影響評価ガイドライン実践テキスト』、インプレス R&D。

［13］　瀬戸洋一(2014)：『実践的プライバシーリスク評価技法』、近代科学社。

［14］　内閣官房(2019)：「資料 1：個人情報保護法 いわゆる 3 年ごと見直し 制度改正大綱」「個人情報保護制度の見直しに関するタスクフォース(第 1 回)議事次第」(https://www.cas.go.jp/jp/seisaku/kojinjyoho_hogo/dai1/gijisidai.html)

［15］　経済産業省：「情報セキュリティ監査制度」(https://www.meti.go.jp/policy/netsecurity/is-kansa/)

［16］　高坂定、瀬戸洋一(2011)：「エンジニアのための情報セキュリティ入門(第 4

回）プライバシー バイ デザイン─計画的なプライバシー対策」『自動認識』、pp. 57-64、No. 24、Vol. 11、2011 年 10 月号。

[17]　情報処理推進機構（2015）：「つながる世界のセーフティ＆セキュリティ設計入門」（https://www.ipa.go.jp/sec/reports/20151007.html#01）

[18]　長谷川久美、瀬戸洋一（2017）：「各国におけるプライバシー影響評価の導入状況の分析」、『コンピュータセキュリティシンポジウム 2017 論文集』、2017 年 2 月号。

[19]　ISO（2011）：ISO/IEC 29100：2011 *"Information technology—Security techniques—Privacy framework"*

[20]　中田亮太郎・慎祥揆・瀬戸洋一（2017）：「プライバシー影響評価の評価基準へ ISO/IEC 29100：2011 の適用」、『信学技報』、Vol. 117, No. 285, ISEC2017-52, pp. 19-26。

[21]　シンヨンジン 著、瀬戸洋一・日本情報経済社会推進協会 監訳（2014）：『情報化社会の個人情報保護と影響評価』、勁草書房。

第1部　プライバシー影響評価（PIA）の概要

# 第 2 部
## プライバシー影響評価（PIA）の実施手順

プライバシー影響評価（Privacy Impact Assessment：PIA）を適正に実施するには、実施手順書（実施マニュアル）が必要である。

第 2 部は、国際標準規格 ISO 22307：2008、ISO/IEC 29134：2017 に準拠した実施手順書の詳細を解説する。実施手順には、リスク分析や影響評価のほか、実施の判断や体制構築の方法、そして、報告書の作成方法も含んでいる。

実施手順書の利用に当たっては、リスクマネジメントや個人情報保護法などの専門書を併せて参照することが必要である。また、PIA を適正に実施するには、定義や各国の動向、実施の経緯などを理解することも必要である。

実施手順書は、PIA プロジェクトの実施時に、評価チームのメンバーが主に参照するマニュアルである。法令の参照やリスク分析の方法などが異なる場合もあるので、評価対象の分野別に実施マニュアルを策定することが望ましい。

PIA

# 第5章
# マニュアル作成における前提

## 5.1 実施マニュアルの位置づけ

　プライバシー影響評価(Privacy Impact Assessment：PIA)は、個人情報を取り扱う情報システムの導入や改修に際して生じる個人情報保護への影響を「事前」に評価するリスク評価手法であり、個人情報の漏えいや改変などの問題の回避・低減に有効な手法である。PIA はデータ保護影響評価(Data Protection Impact Assessment：DPIA)、あるいは個人情報影響評価ともよばれる[1]-[3]。

　広義のプライバシーは、個人情報保護法で規定される個人情報や要配慮個人情報には当てはまらない、個人に関する情報も含まれる概念である。一方、PIA は広義のプライバシーを対象に実施するものでなく、JIS Q 15001：2017 および個人情報保護法で定義される個人情報および要配慮個人情報に対するリスクを対象とするため、個人情報影響評価あるいは個人データ影響評価と呼ぶのが適切である[4]-[6]。

　実施マニュアルの利用に当たっては、リスクマネジメントや個人情報保護法などの専門的な解説書を併せて参照することが必要である[2][3]。**図5.1** のように、解説書は、対象分野によらず、PIA の実施を計画している関係者が参照するものであり、本書の**第1部**がこれに相当する。

　実施マニュアルは、PIA プロジェ

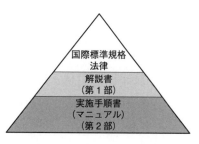

**図5.1　ドキュメント体系**

クト実施時に、評価チームのメンバーが主に参照するマニュアルであり、分野別に策定することが望ましい。実施マニュアルは、PIA 実施に必要な関連法令をはじめ、PIA 実施プロジェクトの立ち上げから終結までの必要な作業と従うべきプロセス、適切な指示・報告体制の構築と承認プロセスを記述する。本実施マニュアルでは、これらを監視カメラシステム分野を例に解説する。

## 5.2　対象分野

　PIA の適用分野として、「公的分野」「公共性の高い民間分野」「一般的な民間分野」の 3 つがある[2][3]。

① 公的分野：行政機関、自治体、独立行政法人などを対象とする。PIA の実施および結果の公表が求められる。「行政手続における特定の個人を識別するための番号の利用等に関する法律」（以下「マイナンバー法」という）第 27 条〜第 29 条で「特定個人情報保護評価」が定められているが、本条はいわゆる「マイナンバー」を使用する「事務」を対象としており、現時点で PIA に関する包括的な法的根拠は存在しない。ただし、役所で保管する情報にはマイナンバー以外にも重要な個人情報があり、PIA の実施は必須と考えられる。海外では PIA が予算獲得のための必要条件になる場合があり、要件を満たしているか否かを判断する保証的監査の要素がある。

② 公共性の高い民間分野：医療、交通、通信・放送などが対象と考えられる。公的分野に準じた対応が求められる。

③ 民間分野：個人情報を利用する際、個人情報保護法では、情報を提供する個人への説明責任を義務づけている。組織の責任者の判断により PIA を実施し、公開は業界団体や個人情報を管理する責任者の判断で行う。

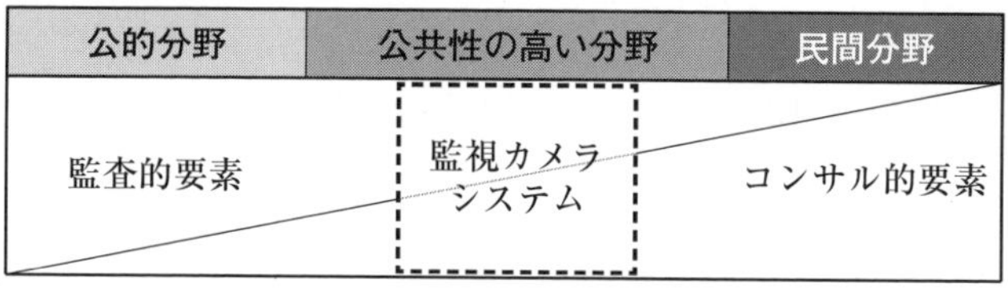

| 公的分野 | 公共性の高い分野 | 民間分野 |
|---|---|---|
| 監査的要素 | 監視カメラ<br>システム | コンサル的要素 |

**図5.2　各分野と実施要素**

　図5.2のように、例えば、監視カメラシステムのような公共性の高い分野の場合、公的分野に準じ、要件を満たしているかを判断する監査的要素と同時にPIAの実施過程でPIA評価者の助言を得て個人情報保護対策を図るという、コンサルテーション的な要素を併せ持つ。ただし、PIAはPDCA(Plan、Do、Check、Act)マネジメントサイクルにおけるPlan(計画)における適正さを評価することに相当し、いわゆるCheck(点検)で実施する監査とは異なる[7]。ISO/IEC 29134においては、Do(実施)における基本的な対応策を作成することも明記している[8]。ただし、対応策の提示は中立的なPIA評価者が実施すべきことではなく、システムを構築する設計開発者や発注者が責任をもち対処することが必要である。

　実績のある英国連邦のガイドライン(ISO 22307)でも「PIAの実施はPlan時点で実施すべき」と記載されている。監査は主に既存システムを運用・実施し、規定のルールへの適合性を検証するものであり、PIAは個人情報を取り扱う情報システムの開発初期段階で用いられ、個人情報の保護に関する最適な解決策を支援するものである。本件はISO 22307でも明確に記述されている[9]。ISO/IEC 29134がISMSとPIAを混同している点であり、今後の改訂で是正が期待される。

## 5.3　参照規格

　実施マニュアル作成で参照すべき規格は以下のとおりである。

- ISO 22307：2008 *"Financial services—Privacy impact assess-*

*ment"*

- ISO/IEC 29134：2017 *"Guidelines for privacy impact assessment"*
- JIS Q 15001：2017「個人情報保護マネジメントシステム―要求事項」
- ISO 31000：2018 *"Risk management—Principles and Guidelines"* および JIS Q 31000：2019「リスクマネジメント―指針」
- ISO/IEC 27001：2013 *"Information security management systems—Requirements"* および JIS Q 27001：2014「情報技術―セキュリティ技術―情報セキュリティマネジメントシステム―要求事項」
- ISO/IEC 29100：2011 *"privacy framework"* およびJIS X 9250：2017「プライバシーフレームワーク」

上記で挙げた JIS 規格は、ISO 規格の全訳である。このため、本書では、元の資料である ISO 規格を用いて検討した。したがって、本書では ISO・IEC 規格番号を用いて記載する。

## 5.4　実施マニュアルの構成

実施マニュアルの構成は、以下のとおりである。

第2部の第5章は、マニュアルの目的、適用分野など、PIA を実施するうえでの枠組みを記述する。第6章は、プライバシー、リスクマネジメントをはじめ、PIA の概要について記述する。第7章は、PIA の実施手順概要について記述する。第8章は、PIA の実施の判断について記述する。第9章は、影響評価の計画立案、評価準備、評価実施および報告書作成の具体的な作業手順に関して記述する。

なお、実施マニュアルは、監視カメラシステムを例に実施手順を説明しているが、分野に依存しない内容となっている。

# 第6章
# PIAの概要

## 6.1　個人情報とリスクマネジメント
### 6.1.1　個人情報とプライバシー

　情報通信技術の進歩に伴い、個人情報は情報システムのなかにデータとして蓄積され、ネットワークを通じて流通するようになった。個人情報の利用促進は消費者にサービス向上という便益をもたらす一方、プライバシー(個人情報保護。以下、同義で使用する)上の懸念を高めている。インターネット上に漏えいした個人情報を取り戻すことは技術的に不可能であることから、事業者が情報システムを構築・運用するに当たって、事前にプライバシー上の諸問題を検討し、情報提供者(個人)への説明責任の重要性が高まっている。

　個人情報とは、個人情報保護法第2条によると、以下のように定義されている[4]。

　「個人情報とは、生存する個人に関する情報であって、次のいずれかに該当するものをいう。

- 当該情報に含まれる氏名、生年月日その他の記述等(文書、図画若しくは電磁的記録に記載され、若しくは記録され、又は音声、動作その他の方法を用いて表された一切の事項(個人識別符号を除く))により特定の個人を識別することができるもの。他の情報と容易に照合することができ、それにより特定の個人を識別することができることとなるものを含む。
- 個人識別符号が含まれるもの」

　また、要配慮個人情報は第2条で規定している。

　「要配慮個人情報とは、本人の人種、信条、社会的身分、病歴、犯罪の経歴、犯罪により害を被った事実その他本人に対する不当な差別、偏見その他の不利益が生じないようにその取扱いに特に配慮を要するものとして政令で定める記述等が含まれる個人情報をいう。」

　JIS Q 15001：2017 でも個人情報保護法の記載に準じて要配慮個人情報を使っている[5]。ただし、実際に個人がプライバシーと感じる情報は、法律で規定するよりも広く曖昧である。

　本書では、外部の参照規程文書として、「個人情報の保護に関する法律についての経済産業分野を対象とするガイドライン」を中心に、都道府県、政令指定都市等が発行する防犯カメラガイドライン、2017 年に経済産業省より発行された「カメラ画像利活用ハンドブック」を併せて利用することが有効である[10]-[14]。

　第2部の実施手順として上記の資料を参照した。もし、主管官庁、業界団体が発行する分野ごとのガイドラインがあれば、それを利用するのも有効である。

## 6.1.2　個人情報に関するリスク

　個人情報に関するリスクは、以下の7種類に分類できる[5]。

　　①　漏えい

　　②　滅失

　　③　毀損

　　④　目的外利用

　　⑤　関連する法令、国が定める指針その他の規範への違反

　　⑥　想定される経済的な不利益や社会的な信用の失墜の発生

　　⑦　本人への二次的影響の発生

　このうち①～③は、情報セキュリティにおける機密性・可用性・完全

性がそれぞれ損なわれた事象である。④および⑤は、本人の意思や権利・利益に反して個人情報が取得または利用される事象である。また、⑥および⑦は事故対応や事業継続管理（Business Continuity Management）に関するものである。事業者が保有する個人情報の漏えい時、初期の対応を誤れば本人に対し二次的な被害を与える場合もある。また、訴訟などに発展し、事業の存続に影響を与えるような損害賠償を請求される可能性がある。

このような個人情報に関するリスクに対して事業者が適切に対応するには、事故が発生してから対策を立てたのでは間に合わない。扱っている個人情報を事前に把握し、リスクシナリオを想定し可能な限り対策を図り、リスクの顕在化を抑え、実際にリスクが顕在化した場合の対策案を事前に決定しておくこと、つまりリスクマネジメントが必要である。

### 6.1.3　リスクマネジメント

リスクマネジメントは、不測の損害を最小の費用で効果的に処理するための手法である。個人情報に関するリスクに対してもリスクマネジメントの手法が適用可能であり、ISO 31000：2018 や JIS Q 15001：2017 の個人情報保護マネジメントシステムは、その一つである[5]。

図 6.1 に、リスクマネジメントプロセスの概要を示す[15]。

リスクマネジメントのプロセス（手順）は以下のとおりである。

① 対象システム分析：リスク管理の境界線を明確にする。

② リスク分析：リスク顕在化時の影響と顕在化する確率を算定する。

③ リスク評価：分析したリスクに対する対応の優先順位を決定する。

④ リスク対応：リスク修正のための行動をとる。

⑤ リスク情報の共有：関係者の間で、リスク情報の交換／共有を

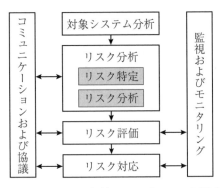

**図 6.1　リスクマネジメントプロセスの概要**

　通じリスクを管理／合意する。

　⑥　リスク監視：時間や状況により変わるリスク状況を把握する。

　リスク対応の方法は、回避・低減・移転・受容の4種類ある。個人情報では、低減や回避が中心的な対応となる。例えば、事業目的を達成した個人情報を速やかに削除することはリスクの低減であり、本籍などの機微な個人情報を取得しないようにすることはリスクの回避に当たる。なお、移転はリスクファイナンスともよばれ、保険などの手段によってリスク顕在化時の損失を他者へ移すことをいう。また、受容は、リスクを受け入れることをいう。

　業務の多くが情報通信技術に依存する現在、事業者が個人情報に関するリスクを管理するうえで、個人情報を取り扱う情報システムへの検討が欠かせない。例えば、個人情報漏えいの原因を解明する場合、侵入時刻や流出経路の調査のためにアクセスログの保管が必要となる。また、ログを攻撃者に改ざんされないための安全管理措置が必要となる。安全管理措置を情報システムに備えることは、事業者がリスクマネジメントを行ううえで不可欠である。また、IPA（情報処理推進機構）によれば、設計段階でのセキュリティ対策コストは、運用時の対策に比べ100分の

1 で済むという[16]。

　したがって、情報システムの稼働前に、開発フェーズの早い段階で個人情報に関するリスクを検討し、個人情報保護のための安全管理措置を盛り込む必要がある。事前の包括的なプライバシー対策は、プライバシーバイデザイン（Privacy by Design：計画的プライバシー対策）とよばれている[17]。一度システムの運用が開始されると、改修にかかる費用や工数が大きくなる。そこで、事前対策として有効な手法と考えられているのが PIA である。PIA は、各国のプライバシーガイドラインにおいて実施が推奨されている[1]-[3][18][19]。プライバシーバイデザインを実現する具体的な手法の一つが PIA である。

　次節にて、プライバシー影響評価について解説する。

## 6.2　PIA の概要

### 6.2.1　PIA の定義

　PIA とは、個人情報の収集を伴う情報システムの導入または改修に当たり個人情報への影響を「事前」に評価し、法的問題とプライバシー（個人情報保護）リスクの問題回避または緩和のための法的・運用的・技術的な変更を促す一連のプロセスであり、個人情報に関するリスクマネジメント手法である[1]-[3]。

　ISO/IEC 29134 では、PIA を、「プロセス*1)、情報システム、プログラム、ソフトウェアモジュールあるいは個人識別可能情報（Personally Identifiable Information：PII）を取り扱う機器やその他の取り組みで、プライバシー処理における潜在的な影響を評価するためのツールであり、ステークホルダとの協議でプライバシーリスクを取り扱うために必要な対応策を講じるツールである。」と記述している。また、PIA 報告

---

　＊1)　1つまたは複数のプロセス手順の連続した実行を伴い、明確に定義された成果物または成果を有する手続きのこと。

書は、リスク対策に関するドキュメントを含む。例えば、ISO 31000 に
関するリスク分析および基本的な対策を実施した結果をまとめたもので
ある。PIA はツール以上の存在であり、プライバシーバイデザインを
具現化するプロセスであると記載している[8][21]。

　PIA 実施の結果を踏まえ、必要に応じて情報システムの仕様変更を
促し、システム稼働後のプライバシー問題の発生リスクを防止・低減す
ることが可能である。ISO/IEC 29134：2017 では、PIA を実施するこ
とによる利点として、以下の点を挙げている[8]。

- プライバシーリスクまたは責任の特定
- プライバシーバイデザインとよばれるプライバシー保護を設計す
  るための情報の提供
- 新しい情報システムのプライバシーリスクと影響や発生可能性の
  評価
- 残存リスクと必要な PII 主体のリスク低減措置に関する、PII 主
  体へのプライバシーに関する情報の根拠の提供
- PII に影響を与える可能性がある追加機能のアップグレードある
  いはアップデートの維持
- ステークホルダとのプライバシーリスクの共有および軽減、また
  は、適合性に関連する証拠の提供

　図 6.2 は、双方向リスク分析手法の概要を示す。図の左側は制度面、
すなわち、PIA 評価チームは評価対象システムが遵守すべき法令やガ
イドラインなど関係規則の体系から要求事項を抽出し、一覧化する。こ
の中間成果物を「評価シート」と呼ぶ[3][20]。図の右側は技術面、すな
わち評価チームは評価対象システムの企画書や設計書を分析し、プライ
バシーに関するリスクを洗い出す。

　これらの中間成果物を突き合わせ、ギャップ分析を双方向に実施す
る。これにより、リスクに対する技術的対策の計画不備や、要求事項に

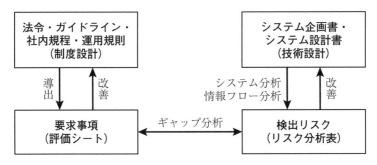

図 6.2　双方向リスク分析手法の概要

おけるリスクの検討漏れを発見し、技術設計・制度設計それぞれの改善を促すことができる。

　**図 6.2** には双方向リスク分析（あるいは双方向ギャップ分析）の概要も示している。この分析手法は 2 つの課題を評価できる。一つは技術的・運用的観点で、リスク対策の計画状況を評価する。もう一つは、コンプライアンス的観点で、要求事項の完備性を評価する。

　PIA の定義は、国際標準あるいは各国のガイドラインでは若干の表現の相違はあるが、「個人情報の収集を伴う新たな情報システムの導入に当たり、プライバシーへの影響度を"事前"に評価し、その回避、または緩和のための法制度の変更および技術的・運用的な変更を促すための一連のプロセス」という内容は共通している。

　リスク対策計画の評価では、評価シートの各評価項目に対して、システムリスク分析書や業務フローリスク分析書から、評価対象のシステムにおけるリスクの存在や対策の計画状況を評価する。一方、要求事項の完備性の評価では、既存の法令やガイドライン上に、検出したリスクに対応する評価項目が存在するかどうかを確認し、要求事項におけるリスク検討漏れの可能性を評価する。

　以上より、リスク対策計画を評価することで、リスクに対する技術的対策の計画不備を見出し、技術設計の改善を促すことが可能となる。ま

た、要求事項の完備性を評価することで、要求事項におけるリスクの検討漏れを発見し、制度設計の改善を促すことが可能である。

## 6.2.2 PIA 実施の目的

ISO/IEC 29134 では PIA 実施の目的として、以下の3点をポイントを挙げている[6][8]。

① プライバシーリスクの特定と対策：網羅的なプライバシーリスクの洗い出しとバランスのよい対策計画の立案が可能になる。

② ステークホルダによるオープンなリスクコミュニケーション：ステークホルダの特定・協議(ステークホルダエンゲージメント)を実現できる。

③ デューデリジェンスの指標：セキュリティ対策に十分はない。そのため、「どこまで責任をとらなければならないか」が問題であり、責任分岐点として、相当の注意義務や努力を果たしているかの指標にできる。

つまり、PIA 実施の目的は以下の3つに集約される[7]。

- 開発早期段階での対策による改修費用の圧縮(①)
- プライバシー事故発生のリスクを防止、低減(①)
- ステークホルダへの説明責任と信頼獲得(②③)

例えば、PIA の実施によって、情報システム稼働後のプライバシーリスクを最小限に抑えることができ、稼動停止や改修にかかる費用を軽減できる。加えて、プライバシーリスクのマネジメントが可能となる。

また、個人の権利保護、公共の利益に組織が留意している姿勢を関係者に示し、説明責任を果たすことができる。さらに、PIA 報告書を公表することで、個人と PIA 実施依頼組織との間に共通の認識が培われる。つまり、PIA 報告書は、世論やマスメディアと行政機関や企業との間の議論や対話を促進できるリスクコミュニケーションツールである

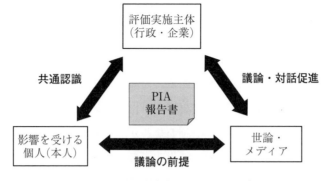

図6.3　PIA 実施とステークホルダ

ともいえる（**図6.3**）。

### 6.2.3　対象システム

　PIA の対象は、設計段階の個人情報を取り扱う情報システムである。ISO/IEC 29134 では、プロセス、情報システム、プログラム、ソフトウェアモジュールあるいは個人識別可能情報（PII）を取り扱う機器と具体的に明示している。システム内で個人情報の取扱いが行われない場合、その情報システムはプライバシーには影響を与えず、PIA の実施が不要となる。

　PIA はシステム開発前（要件定義および設計段階）、つまり対象とする情報システムを構築する前に評価を実施するのが望ましい。したがって、PIA 評価チームは企画書や設計書などの文書を対象に評価を行う。

　PIA を実施する場合は、対象範囲を明確にする必要がある。例えば、監視カメラシステムの場合は、「カメラ本体と保存される情報がどのような形で、どこに保存されるか」ということを明確にし、対象範囲を決める。対象範囲を決めるうえで、システム開発者、運用者の視点ではなく、あくまでもデータ提供主体の権利を守る視点が重要である。

第2部　プライバシー影響評価（PIA）の実施手順

## 6.2.4　実施時期

　PIA は、個人情報を収集する前、情報システムの導入または改修プロジェクトの企画・設計段階において実施する。可能な限りシステム開発の上流工程で実施する必要がある。対象システムに設計変更が発生した場合、および業務フローが変更になった場合、再度実施することが望ましい。ただし、法令などで明確な規程がない状況では、システム開発後に実施し、個人情報提供者への説明責任を果たすことも有効である。

　なお、ISO/IEC 29134 では、実施の判断基準として、以下のような事項が記載されている[8]。

- 新規開発または改版の対象システムやサービスにおいて、個人情報が扱われる場合
- 対象システムやサービスにおける個人情報の取扱いフローが、関連する法律や規制に抵触する可能性がある場合
- 運用組織外への個人情報の移管が計画されている場合
- 個人情報処理フローがクラウドサービスなどを利用する場合
- 運用組織における運用管理規程や個人情報取扱フローに変更がある場合

　例えば、監視カメラシステムのケースでは、防犯や防災など分野に依らず、多くの市民を撮影し、市民の個人情報を扱うため、PIA の実施は必須である。

## 6.3　プライバシー保護の留意点

　本節は、例として監視カメラシステム分野におけるプライバシー情報の保護の必要性について説明する。個人の映像、生体認証における特徴量は、センシティブ(sensitive：機微)な個人情報の一つであり、適切な取扱いが必要である。また、個人を特定できない匿名加工情報にした場合でも、適正な取扱いなのか評価が必要である[6][22][23]。

　参考に **6.3.1 項**で監視カメラシステム、**6.3.2 項**で監視カメラ分野における個人情報保護の制度的対策である関連法規やガイドラインの概要について述べる。

## 6.3.1　監視カメラシステムの概要

　監視カメラシステムは、「設置された監視カメラに映った映像情報をコンピュータを主とした情報技術によって扱うシステムであり、防犯や災害対策、マーケティングを目的としたもの」である。**表 6.1** に店舗における監視カメラシステムを例とした主なシステムの機能例の概要、**図 6.4** にシステム構成例を示す。

　監視カメラシステムに関しては、2020 年 9 月時点では個別の法令はなく、個人情報保護法を主として各都道府県にて条例やガイドラインに準拠して設置・管理している。

表 6.1　監視カメラシステムの機能の例

| 機能 | 概要 |
| --- | --- |
| マーケティング（来訪者検出） | 店内に設置したカメラで来訪者を検出し、顔画像を収集する。 |
| マーケティング（統計データ解析） | 年齢、性別などのデータを抽出しマーケットに必要な統計データを算出する。 |
| 防災（群衆行動解析） | 人の集まりを群衆のままに捉える画像解析技術。人数、移動方向などを計測する。また、喧嘩などの問題行動も抽出する。 |
| 防犯（実行者登録） | 万引きなど実行者(容疑者)を登録(氏名、住所、年齢、性別、職業、顔画像および特徴データなど)する。これは、要配慮個人情報に相当する。 |
| 防犯（容疑者照会） | 撮影された画像と登録した特徴データと照合する。 |
| 通知・登録 | 店内を巡回する店員(保安員)のスマートフォンに、万引き常習犯の来訪を知らせるメールを送信(画像とアラーム)する。マーケティングに必要な統計データを店舗に報告する。また、「店舗に何人、どこにいるか」を、災害など必要時に店舗や関係する組織に報告する。 |

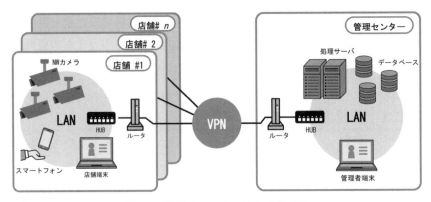

図 6.4　監視カメラシステムの構成例

## 6.3.2　監視カメラシステム分野における関連法規

表 6.2 に監視カメラシステム分野の法令やガイドラインの例を示す[22][23][24]。

表 6.2　監視カメラ分野に関係する法令やガイドラインの例

| 文書名称（例） | 発行／改訂<br>年月 | 発行機関 |
|---|---|---|
| 個人情報の保護に関する法律 | 2015 年 9 月 | |
| 個人情報の保護に関する法律についての経済産業分野を対象とするガイドライン | 2014 年 12 月 | 経済産業省 |
| JIS Q 15001：2006 をベースにした個人情報保護マネジメントシステム実施のためのガイドライン第 2 版 | 2016 年 1 月 | （一財）日本情報経済社会推進協会 |
| 民間の防犯カメラの設置及び利用に関する留意事項 | | 新潟県 |
| 東京都が設置する防犯カメラの運用に関する要綱 | 2004 年 3 月 | 東京都 |
| 防犯カメラの設置及び運用に関するガイドライン | | 相模原市 |
| IoT セキュリティガイドライン | 2016 年 7 月 | 総務省<br>経済産業省 |
| 「政府機関の情報セキュリティ対策のための統一管理基準（平成 24 年度版）」解説書 | 2014 年 | 総務省 |
| 街角防犯カメラ整備・運用の手引き（案） | 2011 年 3 月 | 警視庁 |

# 第7章
# PIA 実施手順の概要と実施体制

## 7.1　PIA 実施手順の概要

　図 7.1 は PIA を実施する場合の全体フローである。

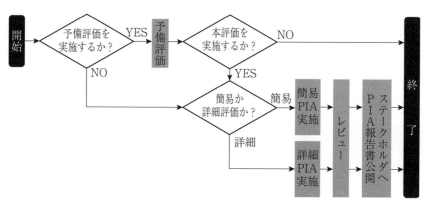

**図 7.1　PIA 実施の全体フロー**

　評価は、予備評価と本評価から構成される。予備評価は、PIA（本評価）を実施するか否かを決定するプロセスである。本評価を実施する場合は、簡易評価を実施するか詳細評価を実施するか判断する。また、必要なドキュメントや実施体制に関する基本情報を収集する。

　図 7.2 は、PIA の実施手順を示す。入力（参照するドキュメント等の例）、実施の手順および出力（作成すべきドキュメント）を示す。詳細は第 9 章以降で説明する。

| PIA 実施の準備 | | PIA 評価の実施 | | PIA の報告 |
|---|---|---|---|---|
| 予備評価 | 評価準備 | リスク分析 | 影響評価 | 報告・レビュー |
| **入力**<br>• システム設計書<br>• 業務概要書<br>• 運用管理規程など | • 評価対象関連文書<br>• 参照規程文書<br>• 評価方針(詳細、簡易) | • 対象システム関連文書<br>• 参照規程文書<br>• システム分析書<br>• 業務フロー分析書<br>• 安全管理措置関連資料 | • システムリスク分析書<br>• 業務フローリスク分析書<br>• 安全管理措置関連資料<br>• 評価シート | • 影響評価報告書および関連資料 |
| **手順**<br>• 評価関連資料の収集<br>• 対象範囲の確定<br>• 保護すべき個人情報の抽出 | • 対象システムの分析<br>• 業務フローの分析<br>• 評価シートの作成 | • システムリスク分析手法の選定<br>• システムリスク分析 | • 影響評価の実施 | • PIA 報告書の作成 |
| • 対象システム、個人情報フローの分析 | • 実施体制の整備<br>• 対象範囲の特定<br>• 参照規程文書、組織内規程などの特定<br>• ステークホルダの特定と協議計画の策定 | • 個人情報管理台帳の作成<br>• 業務フローリスク分析手法の選定<br>• 業務フローリスク分析 | • リスク対応計画の策定 | • PIA パブリックサマリ報告書の作成 |
| • 影響評価<br>• 簡易および詳細 PIA の判断<br>• 予備 PIA 報告書の作成 | • 実施スケジュールの策定<br>• PIA 実施計画書の作成 | • ステークホルダへのヒアリング | • ステークホルダへのヒアリング | • ステークホルダによるレビュー<br>• PIA 報告書の提出・公開 |
| **出力**<br>• 予備 PIA 報告書 | • システム分析書<br>• 業務フロー分析書<br>• 評価シート<br>• PIA 実施計画書 | • システムリスク分析書<br>• 業務フローリスク分析書 | • 影響評価報告書 | • PIA 報告書<br>• PIA パブリックサマリ報告書 |

図 7.2　PIA 実施手順

## （1） PIA 実施の準備

### （1-1） 予備評価

　本評価の実施前に、予備評価（以下、予備PIA）を実施する。予備PIAは、以下の5点を実施する。ただし、実施依頼組織責任者の判断で予備PIAの実施を省略し、PIA実施計画を策定し、PIA（本評価）プロジェクトを実施してもよい。

① 評価関連資料の収集
② 対象範囲の確定
③ 保護すべき個人情報の確定
④ 対象システム・個人情報フローの分析の実施
⑤ 予備PIA報告書の作成

### （1-2） 評価準備

　予備PIA実施後、PIA本評価実施計画を策定する。本評価には簡易PIAと詳細PIAがある。評価準備では、以下の4点を実施する。

① 分析書の作成
　評価対象システムの設計書など、必要な文書を収集・整理し、システム分析書、業務フロー分析書を作成する。
② 評価シートの作成
　参照すべき法令や規格、ガイドライン、組織の内部規程を特定する。参照規格をもとに、対象システムのプライバシーリスクの影響を評価する評価基準を評価シートとしてまとめる。簡易PIAの場合、評価シートのサンプルが業界団体から公開されていれば、それを利用する。
③ 実施体制の整備
④ 実施計画の策定
　PIAプロジェクトを推進するために、上記②③に記載の事

項、PIAの対象範囲、およびPIAの実施形態(簡易／詳細)の決定に関する本評価実施計画を策定し、計画書にまとめる。

## (2)　PIA評価の実施

### (2-1)　リスク分析

対象システムのプライバシーリスクを評価するため、評価準備段階で収集・作成した文書をもとに、以下の3点を実施する。

① システムリスク分析の実施とシステムリスク分析書の作成

② 業務フローリスク分析の実施と業務フローリスク分析書の作成

③ 必要に応じて、ステークホルダへのヒアリングの実施

### (2-2)　影響評価

評価シート、システムリスク分析書、業務フローリスク分析書をもとに影響評価を行う。

## (3)　PIAの報告

### (3-1)　報告・レビュー

影響評価の後に、以下の2点を実施する。

① PIA報告書の作成

評価チームは、プライバシーリスクの影響評価の結果をもとに、PIA報告書を作成する。また、公開用の報告書(パブリックサマリー)を作成する。

② ステークホルダレビュー

PIA報告書を公開し、関係者のレビューを受ける。

## 7.2　PIAの実施体制

PIAを効率的かつ有効に実施するには、**図7.3**のような体制の整備が

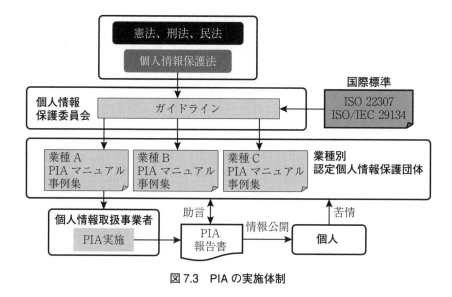

図 7.3　PIA の実施体制

重要である[2][3][8][9]。

## （1）　実施根拠およびガイドライン

　ISO 22307 や ISO/IEC 29134 には具体的な実施手順が記載されていない。また、各国の社会制度や国内法を遵守する必要がある。このためには、例えば個人情報保護委員会で実施のためのガイドラインを策定し、それに基づき業界団体(例えば認定個人情報保護団体)が、業界に合った PIA 実施マニュアルの開発と公開が必要である。

## （2）　情報公開の方法

　「PIA 報告書をどのような形で公開するか」などのルール化が必要である。

## （3）　苦情対応

　PIA 報告書に関する苦情窓口が必要である。

　マニュアルの開発および公開、PIA 報告書の公開方法、苦情窓口などを統括するのは業界ごとの認定個人情報保護団体が適切と考えられる。

# 第8章
# PIA 実施の判断

## 8.1　予備 PIA の実施

実施依頼組織責任者の判断により、予備 PIA を実施する。

### （1）　予備 PIA 評価の目的

予備 PIA 評価は、対象システムに対して PIA（本評価）を実施する必要があるか否かを判定するために実施する。また、実施計画書作成に必要な情報を特定するために実施する。そのために以下を明確にする必要がある。

- 新規あるいは設計変更する対象システムの扱う個人情報
- スケジュールおよび必要な予算
- 必要な専門家、体制
- PIA を実施するコスト（人月）

### （2）　予備 PIA 実施要否の判断

以下のような場合に PIA を実施することが望ましい。

- 新規開発またはシステムやサービスの改良において、個人情報が扱われる場合
- 対象システムやサービスにおける個人情報の取扱いフローが、関連する法律や規制に抵触する可能性がある場合
- 運用組織外への個人情報の移管が計画されている場合
- 個人情報処理フローがクラウドサービスなどを利用する場合

・運用組織における運用管理規程や個人情報取扱フローに変更がある場合

## （3）　予備 PIA 評価の手順

表 8.1 に予備 PIA 評価の手順を示す。

表 8.1　予備 PIA 評価の手順

| 入力 | 手順 | 出力 |
|---|---|---|
| ・システム設計書<br>・業務概要書<br>・運用管理規程　など | ①　評価関連資料の収集<br>②　対象範囲の確定<br>③　保護すべき個人情報の抽出<br>④　対象システム、個人情報フローの分析<br>⑤　影響評価<br>⑥　簡易および詳細 PIA の判断<br>⑦　予備 PIA 報告書の作成 | ・予備 PIA 報告書 |

表 8.1 の「手順」①〜⑦の詳細は以下のとおりである。

①　評価関連資料の収集

評価対象の企画書あるいは設計書などを収集する。例えば、以下のようなものがある。

・組織の目的、機能に関する資料

・システム設計書

・業務概要書

・運用管理規程

②　対象範囲の確定

PIA で評価する対象システム範囲を確定する。

③　保護すべき個人情報の抽出

評価対象で保護すべき個人情報が何かを明確にする。

④　対象システム、個人データフローの分析

　　評価対象を個人情報の収集、利用の観点から分析する。

⑤　影響評価

　　影響評価を実施するための評価基準を策定する。一般的にはテンプレートを利用する。評価基準に対し、個人情報に与える影響を評価する。

⑥　簡易および詳細 PIA の判断

　　作業工数で算出した予算や評価対象システムが取り扱う個人情報の重要度、他システムとの情報連携の有無、将来的に導入するシステムの運用実績の有無等を総合的に判断し、簡易および詳細 PIA の実施を判断する。詳細は **8.2 節**で説明する。

⑦　予備 PIA 報告書の作成

　　以上の結果を報告書としてまとめる。

**図 8.1** に監視カメラシステム用の予備 PIA 評価シート例を示す。予備評価における評価基準である評価シートは、テンプレート化したものを利用する。

予備 PIA 報告書では、PIA の本格実施に先立ち、実施スケジュールおよび体制(人員)確保を決定し記載する。そして PIA(本評価)の実施形態について決定し、結果をまとめる。報告書には、工数(スケジュール)、予算などを明確にし、本評価を効率よく行う情報を記す。

## 8.2　簡易 PIA および詳細 PIA 実施の判断

予備 PIA の結果をもとに実施依頼組織責任者の判断で PIA(本評価)の実施形態について決定する。**表 8.2** に PIA(本評価)の実施形態を示す。

①　簡易 PIA

　　業界団体で評価シートが整備されている場合や、リスク分析、PIA 報告書のサンプルがある場合、これらを利用する。レビュー

第 2 部　プライバシー影響評価(PIA)の実施手順

別添資料(文書登録番号 A_XXX_201XXXXX-XXX)　　　予備 PIA 評価シート(店舗向け多目的ビデオシステム)

| No. | 評価項目 | 実施結果 | 備考 |
|---|---|---|---|
| 1 | システムの利用目的は何か。 | 各店舗の防犯、防災、マーケティング等を目的としている。 | |
| 2 | システムは新規に開発するシステムか、あるいは既存システムへの機能拡張か。 | 新規に開発するシステムである。 | |
| 機能追加の場合 | | | |
| 2-1 | プロジェクトがシステムの機能追加である場合、機能追加拡張によって個人情報の収集を新たに行うか。 | — | |
| 3 | システムで扱う個人情報を取り扱うか。 | 顧客の映像および万引き犯の個人情報を取り扱う。要配慮個人情報 | |
| 取り扱う場合 | | | |
| 3-1 | システムで取り扱う個人情報の件数。 | 企画段階であるため、未定である。 | |
| 3-2 | システムで取り扱う個人情報には機微な情報(センシティブデータ)を含むか。 | 万引き者の機微な個人情報(その店舗での万引きの)犯罪歴を取り扱う。 | |
| 3-3 | システムは複数の政府機関や他の民間企業等との間でのデータ共有または照合などを行うか。 | 行政機関および他企業とのデータ共有・照合は行わない。 | |
| 3-4 | システムで取り扱う個人情報はアウトソーシング(第三者が収集したデータを譲渡等により取得されたデータか、または今後アウトソーシングする予定はあるか。 | 取り扱う個人情報はアウトソーシングにより取得したデータではなく、アウトソーシングする予定もない。将来的にはクラウド化 | |
| 3-5 | システムは、個人情報の取扱いに関して、現行法令に基づいたシステムか。 | 社内規定により守秘義務、個人情報保護法に基づいている。 | |
| 3-6 | システムは、現状システム導入実績のない新しい技術を用いているか。 | 新規システムのため、利用実績のない新しい技術を用いている。 | |
| 3-7 | システムで取り扱う個人情報はデータベースにより管理されるか。 | 個人情報はデータベースにより管理される。 | 個人情報保護法(個人情報データベース等の定義) |
| 3-8 | システムで取り扱う個人情報の収集、利用等の開示、使用目的の開示、利用に当たり、主体者の同意を得るなどの行為が適切に行われることを定めているか。 | プライバシーマークを取得しており、個人情報保護方針をウェブサイト等で公開する想定である。 | 個人情報保護法(利用目的の特定(取得に際しての利用目的の通知等) |
| 3-9 | システムで取り扱う個人情報を目的外に利用しないことを定めているか。 | プライバシーマークを取得しており、個人情報保護方針をウェブサイト等で公開する想定である。 | 個人情報保護法(目的外利用の禁止) |
| 3-10 | システムで取り扱う個人情報の管理責任者は明確に定めているか。 | 管理センターのシステム管理者を定めている。 | |
| 4 | システムの開発段階。 | 企画フェーズ。 | |

図 8.1　予備 PIA 評価シートの例

表 8.2　PIA の実施形態

|  | 簡易 PIA | 詳細 PIA |
|---|---|---|
| **リスク分析** | テンプレートを用いて実施 | システムごとに個別に実施 |
| **実施コスト** | 比較的低い | 比較的高い |
| **適用例** | 企画段階にあるシステム | 設計段階にあるシステム |

するステークホルダを直接利害関係のある範囲に限定する。これにより実施期間や実施コストを低減できる。また、PIA 実施に確保できる予算が限られている場合、実施組織の責任者の判断で、簡易 PIA を実施してもよい。

② 詳細 PIA

組織のルール、業界ガイドライン、国内法、国際標準規格などを利用し、評価シートを作成する。また、業務フロー分析やリスク分析書などのドキュメントを作成し、影響評価を実施する。ドキュメント作成時に必要であれば、ステークホルダの意見を聞く。PIA 報告書のレビューにおいては、直接的に関与する者だけでなく、幅広いステークホルダに公開する。

簡易 PIA と詳細 PIA の選択は、以下を考慮し、実施依頼組織の責任者が決定する。

- 対象システムで取り扱う個人情報の重要度と件数
- 対象システムの公共性
- システム開発段階

監視カメラシステムでは、店舗に設置されたネットワークカメラで来店する顧客等の映像情報を取り扱うが、システムを導入する企業によって、店舗数などの規模に差はあるものの、同様のシステム構成をとることが多いため、評価基準(評価シート)の標準化が可能である。評価基準の標準化により、簡易 PIA の実施も可能である。

第２部　プライバシー影響評価（PIA）の実施手順

　評価基準の標準化が実現できていない場合は、詳細 PIA を実施することが望ましい。PIA の実施形態を決定後、プロジェクト実施に必要な計画書を作成する。

## 8.3　PIA 実施体制

　公共分野における PIA の実効性をより確実なものにするためには、PIA の結果を事業の予算承認プロセスと連携することが望ましい。PIA の目的は、システム構築に当たり「事前に」、プライバシーへの影響を評価し、不備がある場合は、改善の勧告を行い、それによってシステム構築後の改修にかかる費用負荷を軽減することにある。

　公道に設置あるいは民間組織でも不特定多数の者を撮影することを目的に設置した監視カメラシステムは、公共性の高い事業に位置づけられる。本節では、監視カメラシステムにおける PIA 実施体制を解説する[8][22][23]。

　ISO/IEC 29134 では、実施体制に関して以下の記述がある。

- PIA は、組織内の異なる部署の 1 つによって組織のプロセスや情報システム上で実施されるのが望ましい。
- PIA を保証するため説明責任が実施され、結果の品質は PII コントローラ(管理者)のトップマネジメントの責任となることが望ましい。
- PIA の実施責任は、組織内の複数の部署の 1 つに割り当てることができる。
- PIA 実施の責任を負う者は自ら行うことができ、社内外の他ステークホルダの助けを求めることができ、また独立した第三者と契約して作業を行うことができる。各々のアプローチには長所と短所がある。
- PIA が情報システムを構築・運用する組織によって実施される

場合、エンドユーザ団体または政府機関は、独立監査人によって
PIA の妥当性を検証することを要求できる。

### 8.3.1 監視カメラシステムに採用した PIA 実施体制の例

図 8.2 に実施体制の例を示す。日本では、監視カメラに関しては、個
人情報保護法や自治体における条例およびガイドラインに関する遵守す
べき法律やルールがある[4][5][10]-[14]。

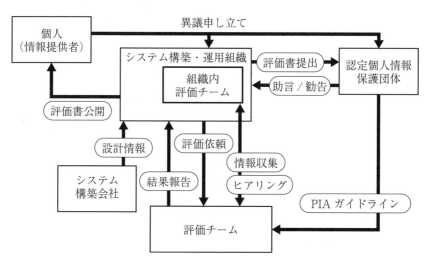

**図 8.2　監視カメラシステムにおける PIA 実施体制の例**

　第三者機関については、国内法、国際標準などの基準に準拠し、個人
情報保護法に基づいた、独立した中立組織を設置することが望ましい。
また、リスクコミュニケーションの観点から、報告書を公開し、個人情
報を提供する個人へ適切な情報開示を行い、システム構築の合意形成を
行うことが重要である。日本では、個人情報保護法に規定された認定個
人情報保護団体等の組織を第三者機関とすることが適切である。
　監視カメラシステムの場合、多くの市民が撮影されるため、プライバ

第２部　プライバシー影響評価（ＰＩＡ）の実施手順

シー侵害と思う被撮影者も多い。このため、PIA 報告書は公開することが望ましい。

## 8.3.2　PIA 実施体制における構成員と役割

　表 8.3 に PIA 実施依頼組織と評価チームの構成員と役割例を示す。

　PIA の実施に関する責任は、システム構築・運用組織にある。ただし、実際に評価を実施するのは、専門的・中立的な組織である評価チームであることが好ましい。評価チームは、組織外部の専門家に依頼する場合と、組織内部の関連システムと利害関係のない部署が担当する場合がある。また、技術の知見のあるシステム構築会社に依頼する場合もある。扱うデータの公共性や負担できるコストなどを考慮してシステムを運用する。つまり、個人情報に対する責任者が判断すればよい。

　評価の適正性を確保するには諸外国のプライバシーコミッショナーに相当する認定個人情報保護団体がその任に当たるのが適切と考える。監視カメラシステムの場合、用途が防犯、防災、マーケティングと広範囲であるため、複数の認定個人情報保護団体が関与することが望ましい。認定個人情報保護団体は、PIA を実施する際のガイドラインの発行や、PIA 報告書への助言などを行う。

表 8.3　PIA 評価における構成員と役割の例

| 構成単位 | 内容 | 備考 |
|---|---|---|
| システム構築・運用組織（組織内評価チーム） | • システム構築運用組織（以下「運用組織」）の責任者がプライバシー影響評価（以下「PIA」）の実施を評価チームへ依頼（組織内評価チームへ指示）<br>• PIA 報告書の受理および設計変更をシステム構築会社に指示<br>• PIA 報告書を認定個人情報保護団体へ提出<br>• PIA 報告書の公開<br>• 個人の苦情（異議申し立て）の受理、適正な対応<br>• 組織内評価チーム（以下「組織内チーム」）は外部評価チームへの情報提供<br>• PIA 評価に対する予算の確保 | 組織内評価チームは、評価チームとコラボレーションできる人材を確保 |
| 個人（情報提供者） | • 運用組織への個人情報の提供<br>• 運用組織へ情報公開請求<br>• 運用組織および認定個人情報保護団体へ異議申し立て | 情報公開はメディアなども対象 |
| 認定個人情報保護団体 | • ガイドラインの発行<br>• 個人より異議申し立ての受理<br>• 運用組織への助言勧告 | 個人情報保護委員会との連携 |
| 評価チーム | • 運用組織の責任者より PIA の実施を受託（簡易で実施するか詳細で実施するかの判断）<br>• PIA 評価をガイドラインに従い実施<br>• 適宜組織内チームと連携し、正確な情報の把握<br>• PIA 報告書を運用組織の責任者へ提出<br>※契約によって、評価だけでなく対策まで請け負うこともある | 業務、法律、IT、リスク評価の中立専門家 |
| システム構築会社 | • 設計情報を運用組織に提出<br>• 運用組織より設計変更の受託 | |

第 2 部　プライバシー影響評価（PIA）の実施手順

# 第 9 章
# PIA の実施

　図 7.2 の PIA 実施手順に従い、具体的な作業内容を説明する[2][3]。

## 9.1　評価準備
### 9.1.1　評価関係資料の作成
　9.3 項で実施する影響評価に先立ち、以下のような評価関係資料を作成する。

　評価チームは、表 9.1 に示す評価対象のシステム関連資料を実施依頼組織より入手し、システムの把握とそのリスク分析を行い、システム分析書を作成する。対象業務の業務フローの把握とそのリスク分析を実施し、業務フロー分析書を作成する。また、参照規程文書を用い、システムに対し、個人情報保護に関する要求事項を抽出し、影響評価で用いる評価シートを作成する。

　個人情報への影響評価は以下の 2 つの側面を有している。

　①　リスク対策計画の評価：要求事項(評価シートの各評価項目)に対し、対象システムにおいてリスクが特定され、対応が計画済み

表 9.1　評価関係資料の手順

| 入力 | 手順 | 出力 |
|---|---|---|
| • 対象システム関連文書<br>• 参照規程文書 | ①　対象システムの分析<br>②　業務フローの分析<br>③　評価シートの作成 | • システム分析書<br>• 業務フロー分析書<br>• 評価シート |

かどうか確認する。

②　要求事項の完備性の評価：対象システムにおいて特定したリスクを、要求事項が網羅しているかどうか確認する。

以上の観点から、システムおよび業務フローのリスク分析結果と作成した評価シートを用い、双方向リスク分析を行う。

図9.1に双方向リスク分析の概要を示す。この分析手法は2つの課題を評価できる。一つは技術的・運用的観点で、リスク対策計画を評価できる（①）。もう一つは、コンプライアンス的観点で、要求事項の完備性を評価できる（②）。

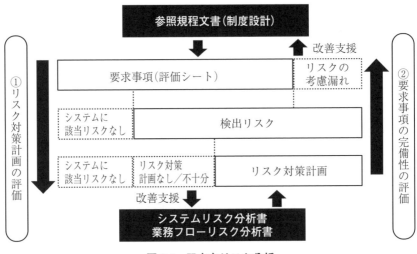

図9.1　双方向リスク分析

リスク対策計画の評価では、評価シートの各評価項目に対して、システムリスク分析書や業務フローリスク分析書から、評価対象のシステムにおけるリスクの存在や対策の計画状況を評価する（①）。一方、要求事項の完備性の評価では、既存の法令やガイドライン上に、検出したリスクに対応する評価項目が存在するか否かを確認し、要求事項におけるリ

スク検討漏れの可能性を評価する（②）。

　ただし、常に 2 つのリスク評価を実施する必要はない。例えば、法制度などが整備されている場合は、技術的・運用的観点でのリスク対策計画に関する評価のみでよい。もし、構築するシステムが、新しい考え方で構築・サービスされる場合、または、法律、組織内ルールが未整備の場合は、要求事項の完備性を評価する必要がある[27]。

　表 9.1 の「手順」①〜③の詳細は以下のとおりである。

## （1）　対象システムの分析

　PIA の評価を行う前に、システムのハードウェアおよびソフトウェアに関する機能と構成を明確にする。PIA 評価チームは実施依頼組織から資料の提供を受け、以下の観点でシステム分析を行う。

- 評価対象範囲の確定（評価対象システムと評価対象外システムとの境界）
- 個人情報や情報セキュリティの観点におけるシステムの特徴

　以上を明確にし、評価対象システムに対する理解を深め、リスク分析をすることが目的である。

　システム分析は、以下の手順で実施する。

① 　開発段階で整備した調達仕様書・要件定義書、システム設計書・運用計画や手順情報の運用規程書など、評価対象システムに関連する文書を可能な限り収集する。

② 　入手文書より、使用する計画がある、または使用中である個人情報や要配慮個人情報を特定する。そして、個人情報や要配慮個人情報を扱う情報資産の場所や種類について、例えば以下のような項目を特定する。

- ハードウェアとソフトウェアの構成と種類
- 通信ネットワークの種類

第 2 部　プライバシー影響評価（ＰＩＡ）の実施手順

- 協力業者の利用とその場所へのアクセス権限
- データの保存場所

③ 文書から読み取ることのできない情報について実施依頼組織および専門家に対するヒアリングを行う。ただし、評価はあくまで設計資料に対し行うものであり、必要な情報を設計資料以外から入手する場合は、設計資料に不備があると判断する。

④ 評価対象の範囲、システムの目的と機能を特定し、運用設計書・手順書をもとに安全管理措置について物理的対策、技術的対策、組織的対策を明確にする。

- 評価対象範囲

    評価依頼者と協議のうえ、評価対象範囲を決める。

    **図9.2**は、多目的ビデオシステムのPIAにおいて、評価対象範囲を示した例である。

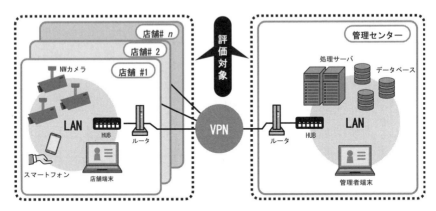

**図9.2　システム構成図とPIA評価対象範囲の例**

多目的ビデオシステムは店舗と管理センターから構成され、それぞれの部門に対応したシステムが存在する。**図9.2**の例では、システム構成図上に点線で評価対象を示している。

- システムの目的と機能

  評価対象とするシステムと、評価対象とするシステムの目的・機能を特定する。

  表9.2に多目的ビデオシステムで評価対象とするシステムと、各システムの使用目的および機能の一例を示す。

表9.2 評価対象システムと使用目的・機能の例

| No | システム名 | 使用目的および機能 |
|---|---|---|
| 1 | 店舗システム | 映像取得・通知の受信と処理・リスト閲覧 |
| 2 | 管理センターシステム | 情報処理・マーケティング・防災・防犯・通知・報告 |

- 安全管理措置

  システムの運用設計書・手順書をもとに安全管理措置を物理的対策、技術的対策、組織的対策に分類し記述する。表9.3に物理的対策の記述例を示す。

表9.3 安全管理措置（物理的対策の例）

| 分類 | システム | 安全管理措置 |
|---|---|---|
| 物理的対策 | クライアント | 管理センターの端末は入退室が管理された建屋に設置する。入室許可者のみ入室できる。 |
| | サーバ | 管理センターのサーバ室は物理的対策を講じた管理エリアに保管または配置する。入室許可者のみ入室できる。 |

⑤ セキュリティ機能の設計要件の把握を行い、プライバシーリスクを分析する。リスク分析については、9.2節にて詳述する。

⑥ システム分析報告書を作成する。報告書は以下の内容とする。

第2部　プライバシー影響評価（PIA）の実施手順

- PIA の評価対象とするシステム範囲
- システムの目的と機能
- 対象範囲のシステム構成(ハードウェア、ソフトウェア、ネ
  ットワーク、システム構成説明)など(システム構成図例)
- 安全管理措置

## (2)　業務フローの分析

　PIA を実施する準備として、評価対象のシステムで扱う個人情報について、業務ごとに個人データフローを特定し、分析する。PIA 評価チームは実施依頼組織から資料の提供を受け、業務において扱われる個人情報を以下の観点で分析する。

- 業務ごとの個人データフローの詳細
- 取り扱われる個人情報の抽出とライフサイクルの評価

以上を明確にし、業務に対する理解を深め、リスク分析をすることが目的である。業務フロー分析の手順は以下のとおりである。

①　開発段階で整備された調達仕様書・要件定義書・システム設計
　　書・詳細設計書・運用規程文書など評価対象システムに関連する
　　文書を可能な限り収集する。

②　入手文書より業務分析に必要な情報を特定する。

③　文書から読み取ることのできない情報について実施依頼組織お
　　よび専門家等のステークホルダへのヒアリングを行う。ただし、
　　分析はあくまで設計資料に対し評価を行うものであり、必要な情
　　報を設計資料以外から入手する場合は、設計資料に不備があると
　　判断する。

④　評価対象の範囲、運用設計書・手順書をもとに、業務ごとの個
　　人情報に関するフローを明確にし、業務フローにおける個人情報
　　を特定する。

• 業務フロー

　図**9.2**の評価対象範囲における店舗向け多目的ビデオシステムでは、顧客が各店舗に来店した際に、店舗に設置されたNW（ネットワーク）カメラによって撮影データが取得される。取得された撮影データは、VPN（バーチャルプライベートネットワーク）を経由して管理センターに送られる。そして、管理センター内の処理サーバで処理された後、所定のDB（データベース）に保存される。

• 個人情報を取り扱うケースの分類

　業務・データフロー分析に当たり、PIA対象システムで個人情報を取り扱うケースを分類する。表**9.4**に店舗向け多目的ビデオシステムで個人情報を取り扱うケースの分類例を示す。

• 業務に関する個人データフローの明確化

　PIA対象システムの設置者から提供された各種資料（要件定義書、システム設計書等）をもとに、業務ごとに個人情報の流れを記した業務・データフロー図を作成する。業務・データフロー図を作成することで、個人情報の取得から廃棄までの流れ

表9.4　システムで個人情報を取り扱うケースの分類例

| ケース | 内　容 |
|---|---|
| 1 | 顧客が店舗に来店 |
| 2 | 顧客が万引きなどの不正行為を行い、DBに登録 |
| 3 | データベースに登録されている顧客が来店 |
| 4 | 来店した顧客が万引きなどの不正行為と思われる疑わしき行為を行ったことが後から判明 |
| 5 | 店舗内で災害や喧嘩が発生 |
| 6 | 店舗から管理センターに保管されている万引き者などの画像を要求 |

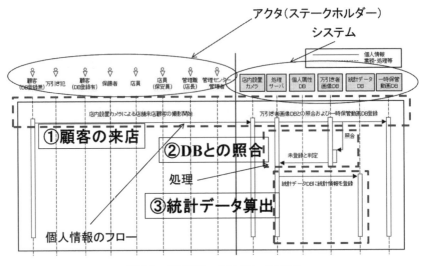

図 9.3　業務(データ)フロー図の例

を視覚的・網羅的に把握することが可能となる。

　業務(データ)フロー図\*1)には、「システム」と「個人情報に接するアクタ」(情報の利用主体)の2つの観点で記載する。図9.3にシーケンス図による業務・データフロー図例を示す。

　図9.3の例では、「システム」に多目的ビデオシステムを構成するNWカメラと管理センター、「個人情報に接するアクタ」に顧客、店員、万引き犯者のアクタ(ステークホルダ)を記載している。

⑤　業務フロー分析報告書を作成する。報告書は以下の内容とする。

・業務フロー

・個人情報を取り扱うケースの分類

・業務に関する個人情報のフロー

---

\*1)　業務の流れを個人情報(データ)の観点で記述したものを、業務・データフロー図あるいは業務(データ)フロー図と呼ぶ。

業務フロー分析書は客観的事実のみを記載し、個人情報のやり取りにかかるリスク分析は、業務・データフローリスク分析にて行う。

## （3） 評価シートの作成

評価シートは、参照規程文書から導出した要求事項を評価項目として一覧にし、チェックリスト形式でまとめたものである。本節では評価項目を作成し、実際の評価は9.3節に示す手段で行う。8.2節で述べたように、PIAには詳細評価および簡易評価の2種類の手法がある。本項で紹介する手順は詳細評価のための評価シート作成方法である。どちらの手法を採用するかは評価実施責任者が、個人情報保護に対する重要性、対象システムで扱う個人情報の種類、評価に当たりかかる費用等を考慮し決める。

評価シート作成に当たり、PIA評価チームはプライバシーの安全管理策要求事項を決定する。評価項目は、法令・規則などの外部規程文書および契約書や運用規程などの内部規程文書を用い、ISO/IEC 29100：2011（プライバシー原則の11原則）に従った分類で作成する[3][20][28]。

評価シート作成の手順を以下に示す。

① 参照規程文書の識別

評価チームは、PIAの評価基準として使用する参照規程文書を、内部規程文書（社内規程、契約書）と外部規程文書（法令・規格、管轄官庁や業界で発行したガイドライン）に分けて収集する。

入手した文書を参照し、評価項目作成に必要な情報を特定する。使用した参照規程文書をリスト化し、実施依頼組織に対し、評価基準とすることを説明する。

表9.5に内部参照規程文書の例を示す。企画あるいは基本設計段階でPIAを実施する場合等では、適切な内部規程文書が存在

表 9.5　内部参照規程文書の例

xx 病院　評価シート作成のためのコンプライアンス事項

引用優先度◎：再重要、○：重要、△：参照する部分かもあり、×：今回は参照せず。

| | | 名　称 | 発行年月日 | 発行組織 | 引用優先度 | 備考 |
|---|---|---|---|---|---|---|
| | | 医療情報システム規程・運用マニュアル_1.0 | | | | |
| A | 1 | L1_001_個人情報保護方針_1.0 | 2011.11.01 | | ◎ | |
| 組織 | 2 | L2_002_医療情報システム安全管理規定_1.0 | 2011.11.01 | | ◎ | |
| | 3 | L2_002_医療情報システム安全管理規定（別紙）_1.0 | 2011.11.01 | | ◎ | |
| 内 | 4 | L2_003_情報アクセス管理規定_1.0 | 2011.11.01 | | ◎ | |
| 規 | 5 | L2_004_電子保存システム管理規定_1.0 | 2011.11.01 | | ◎ | |
| 定 | 6 | L2_005_スキャナ管理規定_1.0 | 2011.11.01 | | ◎ | |
| | 7 | L2_006_診療情報の持ち出し管理規定_1.0 | 2011.11.01 | | ◎ | |
| | 8 | L2_020_医療情報システム運用マニュアル_1.0 | 2011.11.01 | | ◎ | |
| | 9 | L2_021_障害対応マニュアル_1.0 | 2011.11.01 | | ◎ | |
| | 10 | 外部記録媒体（USBメモリ）運用管理規定_1.0 | 2010.02.22 | | ◎ | |
| | 11 | 診療録及び診療記録等医療情報システム運用管理規程 | 2010.02.05 | | ◎ | |
| | 12 | 電子カルテ端末における、外部記憶媒体の利用ルールについて | 2010.02.10 | | ◎ | |
| | 13 | 独医師事務作業補助者業務規程 | 2011.09.01 | | | |
| | | | | | | |

しない場合がある。監視カメラシステムにおける PIA においては、新技術や新しい利用形態に対する適切な内部規程文書が存在しないため、医療情報システム PIA で利用した組織内規程を例示した[3]。

表9.6 に監視カメラで PIA を実施する場合の外部参照規程文書の例を示す。都道府県などが規定するカメラガイドラインは重要な参照規程といえる。また、カメラの撮影画像をクラウドに記録するシステムを構築する場合、保存データの取扱いについて規定したガイドラインも参照するべきである。映像を加工して利用する際も、別途適切なガイドラインを参照する必要がある。

参照規程文書から導出した個人情報に関連した要求事項を評価項目として一覧にし、評価シートにチェックリスト形式でまとめる。

② 要求事項の抽出

参照規程文書から、要求事項を抽出する。外部の参照規程文書のうち、監視カメラシステムに関しては「個人情報の保護に関する法律についての経済産業分野を対象とするガイドライン」「東京都、新潟県、相模原市等が発行する防犯カメラガイドライン」などが有効である[10]-[14]。要求事項は技術的な項目だけではなく、運用規程も含む。

複数の参照規程文書から同一または類似の評価項目を抽出した場合には、1項目に集約する。

③ 項目の分類

要求事項抽出後、評価項目を分類する。

評価項目の分類例を表9.7 に示す。評価項目の分類例は、ISO/IEC 29100 の 11 原則に従った大項目、詳細項目をグループ化した中項目、といった階層的な構成とする。

第2部　プライバシー影響評価（PIA）の実施手順

表9.6　外部参照規程文書の例

| 文書名称(例) | 発行年 | 発行組織 | 引用優先度 | 備考 |
|---|---|---|---|---|
| 個人情報の保護に関する法律(平成 15 年 5 月 30 日法律第 57 号　改正平成 28 年 5 月 27 日法律第 51 号) | 2016 | | | |
| ISO/IEC 27001：2013　情報セキュリティマネジメントシステム | 2013 | ISO/IEC | | |
| 個人情報の保護に関する法律についての経済産業分野を対象とするガイドライン | 2014 | 経済産業省 | | |
| JIS Q 15001：2006 をベースにした個人情報保護マネジメントシステム実施のためのガイドライン　第 2 版 | 2016 | (一財)日本規格協会 | | |
| ISO/IEC 27005：2011(情報技術—セキュリティ技術—情報セキュリティリスクマネジメント) | 2011 | ISO/IEC | | |
| 東京都が設置する防犯カメラの運用に関する要綱 | 2004 | 東京都 | | |
| 防犯カメラの設置及び運用に関するガイドライン | 2013 | 杉並区 | | |
| 街頭防犯カメラ整備・運用の手引き(案) | 2011 | 警視庁 | | |
| 地方公共団体における情報セキュリティポリシーに関するガイドライン | 2015 | 総務省 | | |
| IoT セキュリティガイドライン | 2016 | 総務省・経済産業省 | | |
| ASP・SaaS における情報セキュリティ対策ガイドライン | 2008 | 総務省 | | |
| クラウドサービス利用のための情報セキュリティガイドライン | 2011 | 経済産業省 | | |

表 9.7 評価項目の分類例

| | 大項目 | 中項目 |
|---|---|---|
| 1 | 同意及び選択 | 選択の機会、本人の同意 |
| 2 | 目的の正当性及び明確化 | 利用目的の特定 |
| 3 | 収集制限 | 個人情報の特定、必要最低限のデータ収集、適正な取得、要配慮個人情報 |
| 4 | データの最小化 | 必要最小限の処理、アクセス制御、データの消去 |
| 5 | 利用、保持、及び開示の制限 | 目的外利用の同意、利用目的の変更、第三者提供、個人情報の共同利用 |
| 6 | 正確性及び品質 | 正確、完全、最新、および利用の目的に十分かつ適切であることを確実にする |
| 7 | 公開性、透明性、及び通知 | 個人情報保護方針、保有個人データに関する事項の公表等 |
| 8 | 個人参加及びアクセス | 個人情報の開示、個人情報の内容の訂正、個人情報の利用の停止、第三者提供の停止 |
| 9 | 責任 | プライバシー関連ポリシー、苦情処理、訓練 |
| 10 | 情報セキュリティ | 安全管理措置、システム関係者の管理、保守委託先の監督 |
| 11 | プライバシーコンプライアンス | 個人情報保護方針、監査 |

第2部　プライバシー影響評価（PIA）の実施手順

④　評価シートの作成

　　分類した評価項目を評価シートとして作成する。評価対象組織、評価対象システムに合わせて、項目の追加・削除を行う。

　　評価シートには「評価項目」「根拠規程」「評価結果」「指摘・推奨事項」「査閲資料」の5項目を記載する。

表9.8　評価シートの記入例

| 大分類及び選択(ISO/IEC29100) | | 法律 | 根拠規定 | 評価項目 |
|---|---|---|---|---|
| **1 同意及び選択** | | | | |
| | 1 選択の機会 | 第17条(適正な取得) | 民間の防犯カメラの設置及び利用に関する留意事項(防犯カメラ設置の明示) | カメラが設置されていることをわかりやすく表示し、撮影していることを知らせているか、また、設置区域に撮影されない選択の機会を与えているか |
| | 2 本人の同意 | 第16条(利用目的による制限) | 個人情報の保護に関する法律についての経済産業分野を対象とするガイドライン | 本人が同意に係る判断を行うために必要と考えられる合理的かつ適切な方法で、本人の同意を得ているか |
| | 3 本人の同意 | 第16条(利用目的による制限) | 個人情報の保護に関する法律についての経済産業分野を対象とするガイドライン | あらかじめ本人の同意を得ないで、利用目的の達成に必要な範囲を超えて個人情報を取り扱っていないか |
| **2 目的の正当性及び明確化** | | | | |
| | 1 利用目的の特定 | 第15条(利用目的の特定) | 個人情報の保護に関する法律についての経済産業分野を対象とするガイドライン | 利用目的の特定に当たっては、利用目的を最終的に抽象的、一般的に特定するのではなく、個人情報取扱事業者において最終的にどのような目的で個人情報を利用するかを可能な限り具体的に特定しているか |
| **3 収集制限** | | | | |
| | 1 個人情報の特定 | 第17条(適正な取得) | JIS Q 15001-2006をベースにした個人情報保護マネジメントシステム実施のためのガイドライン 第2版(3.11 個人情報の特定) | 対象システムについて、取り扱う個人情報が特定されているか |
| | 2 必要最低限のデータ収集 | 第16条(利用目的による制限) | 個人情報の保護に関する法律についての経済産業分野を対象とするガイドライン(利用目的による制限) | 利用目的の達成に必要な範囲を超えて、個人情報を取り扱っていないか |
| | 3 必要最低限のデータ収集 | 第16条(利用目的による制限) | 民間の防犯カメラの設置及び利用に関する留意事項(防犯カメラ撮影範囲)／防犯カメラの設置及び運用に関するガイドライン(撮影原点) | 撮影範囲は必要最小限とし、不要な個人の画像を撮影しないようになっているか／以下の事例に当たるようなよび不正の手段により個人情報を収集していないか ①親の同意がなく、十分な判断能力を有していない子どもから… |

　評価シート作成時に記入するのは、評価対象のシステムに対する要求事項(契約や運用に関する非技術的な要求事項は含まない)を質問形式で表した「評価項目」、および参照規程文書名、条項番号などを表した「根拠規程」の２点であり、以降は実際の評価実施時に記入する。

　評価シートテンプレート利用の際は根拠規程の改廃状況をチェックし、評価対象組織、評価対象システムに合わせて、項目の追加・削除を行うことが必要である。表9.8 に評価シートの記入例を示す。

## 9.1.2　実施計画書の作成

　PIA 実施計画書は実施依頼組織が作成する。表9.9 に PIA 実施計画書の作成手順を示す。システムにおける個人情報の入手、利用、保管などを考慮し、PIA の実施範囲の決定、実施体制の決定、スケジュールなどを明確にし、PIA 実施計画書(PIA 実施に関するプロジェクト計画書)を作成する。評価チームの協力を得て作成してもよい。作成した PIA 実施計画書は実施依頼組織の責任者が承認する。

表 9.9　PIA 実施計画書の作成手順

| 入力 | 手順 | 出力 |
|---|---|---|
| • 予備 PIA 報告書<br>• 対象システム関連文書<br>• 参照規程文書など | ① 実施体制の整備<br>② 対象範囲の特定<br>③ 参照規程文書、組織内規程などの特定<br>④ ステークホルダの特定と協議計画の策定<br>⑤ 実施スケジュールの策定<br>⑥ PIA 実施計画書の作成 | • PIA 実施計画書 |

第２部　プライバシー影響評価(PIA)の実施手順

表9.9の「手順」①～⑥の詳細は以下のとおりである。

① 実施体制の整備

実施依頼組織と評価チームは、PIA実施のため体制を整備する。実施体制については**8.3.1項**のPIA実施体制を、実施体制における構成員と役割は**8.3.2項**のPIA実施体制における構成員と役割を参照してほしい。

② 対象範囲の特定

以下の項目を明確にする。

• 評価の対象

評価チームは、実施依頼組織とともに、PIAの対象となるシステムの範囲を確定する。その際、プライバシーリスクに関するシステムとその運用における責任範囲を明確にする。

評価の対象は、システムに関する設計資料である。設計資料として、システム構成図、システムを運用する組織体制、システムの運用管理に関する設計資料等が対象である。また、PIAはシステム構築前に実施するため、システムにおける個人情報の取扱いを定義した設計書が未作成の場合がある。この場合は、リスク分析時に個人情報の取扱いをシミュレーションするため、個人情報に関する業務フロー分析が重要である。

• 対象システムの関連文書

評価チームは、PIAの実施に必要な対象システムに関連する文書を特定し、実施依頼組織より収集する。**表9.10**に収集文書の例を示す。また、実施依頼組織が関係する業界ガイドラインなども有益である。

③ 参照規程文書、組織内規程などの特定

実施依頼組織と評価チームは、対象とするシステムが参照すべき法令や規格、ガイドライン、組織内規程などの文書(以下、参

表9.10 対象システムの関連文書の例

| 業務関連 | 個人情報の利用目的、個人情報取扱方法、就業規則、運用管理規程、個人情報取扱フロー、個人情報管理台帳、契約書類など |
|---|---|
| システム関連 | 企画書、要件定義書、システム設計書、概念図、情報フロー、データモデル、リスク分析、運用規程書、セキュリティ管理規程など |

照規程文書という)を特定する。参照規程文書は、**9.1.1項**の評価関係資料作成の際に参照した外部参照規程文書を用いるとよい。

参照規程文書を特定した後、実施依頼組織と評価チームは評価基準を作成する。

④ ステークホルダの特定と協議計画の策定

ステークホルダの特定はステークホルダエンゲージメントとして、ISO/IEC 29134 に規定されている。ステークホルダエンゲージメントは、PII(Personally Identifiable Information:個人識別可能情報)の処理、保管、利用によって影響を受ける可能性がある個人を特定し、協議によって影響を最小限に抑える一連の手順である。

1) ステークホルダの特定:PII の処理によって影響を受ける可能性がある組織あるいは個人を特定する。ステークホルダの例は以下のとおりである。

- システム運用の管理者、担当者、保守要員
- 個人情報の提供者およびその関係者

2) 協議計画の策定:特定されたステークホルダとの協議やコミュニケーションの手続きを明確にする。

3) ステークホルダとの協議:適切かつ実現可能な計画に従って、ステークホルダとの協議を実施する。

第2部 プライバシー影響評価（PIA）の実施手順

⑤　実施スケジュールの策定

　　評価チームと実施依頼組織は、影響評価実施スケジュールを策定する。PIAはシステムの企画・設計段階で実施するため、影響評価の実施期間が長引くとシステムのプロジェクト全体のスケジュールやコストに及ぼす影響が大きい。したがって、システム調達のスケジュールやコストに影響を及ぼさない期間で行うことが望ましい。

⑥　PIA実施計画書の作成

　　評価チームと実施依頼組織は、上記の情報をもとにPIA実施計画書を作成する。作成したPIA実施計画書は、実施依頼組織責任者の承認を得て正式に発行する。

　　PIA実施計画書は、プロジェクトの推進に必要なプロジェクト計画書に相当し、以下の項目を記述する。

- 実施目的
- スケジュール：評価期間および工数
- 適用範囲：システムの評価範囲
- 実施手順
- 評価基準：遵守すべき法令、ガイドラインの特定
- 体制：実施依頼組織、評価チームの設置、承認方法
- PIA評価チームの専門知識
- 対象システムに関する記述：システム構成、データフロー図
- ドキュメント管理：入手資料の取扱い、採番規程、変更管理

## 9.2　リスク分析

　　影響評価を実施するためには、システムおよび業務・データフローにおけるリスク分析が必要である。

### 9.2.1 リスク分析の手法

リスク分析にはいくつかの手法がある。どのような手法を採用するかは、評価者の得意とする手法や対象システムに合った手法を考慮すればよい。代表的な2つの手法について以下に説明する[2][6]。

① ベースラインアプローチ

既存規程文書等をもとに適合性を確認するリスク分析手法である。導入しようとするシステムに類似したシステムに対する有効性の高い内部規程文書やガイドライン等が存在する場合、本手法で各項目の適合性を確認することにより、システムの不備によるリスクを検出することができる。評価時に参考にすべき主な規格として、ISMS(ISO/IEC 27005)、プライバシーマーク(JIS Q 15001)、ISO/IEC 29100がある。

一方、本手法では既存規程文書で要求されていないリスクは検出できないため、PIA実施に当たり規程文書を適切に選定し、規程の十分性を検証する必要がある。

② 非形式アプローチ

規程文書を用いずにリスクを検出する手法である。本手法はシステムを評価実施者が分析し、リスクを検出する手法であり、実施者の知識や経験に依存する可能性がある。

ベースラインアプローチを行う場合、適切な規程文書が用意できなければ非形式アプローチを併せて実施するなど、検出漏れのリスクがないように考慮する必要がある。

### 9.2.2 システムリスク分析

評価チームは、表9.11に示すとおり、実施依頼組織より入手した対象システム概要資料、参照規程文書、9.1.1項で作成したシステム分析書を用い、リスク分析方法を選定し、対象システムに関しリスク分析を

表9.11　システムリスク分析の手順

| 入力 | 手順 | 出力 |
|---|---|---|
| • 対象システム関連文書<br>• 参照規程文書<br>• システム分析書<br>• 安全管理措置関連資料 | ① リスク分析手法の選定<br>② リスク分析の実施<br>③ ステークホルダへのヒアリング | • システムリスク分析書 |

実施する[2][6]。

表9.11の「手順」①〜③の詳細は以下のとおりである。

① リスク分析手法の選定

情報漏えい・情報の改ざんのリスクについて、システムのリスクの発生可能性に関し分析を行う。分析手法は、監視カメラ業界からガイドラインが発行されていないため、店舗向け多目的ビデオシステムの例では、主に非形式アプローチを利用した。類似のシステム構成部分に関しては、他の業界から公開されたベースラインを採用した。このように、非形式アプローチ(潜在的脅威分析アプローチ)とベースラインアプローチを組み合わせる方法を採用した。

なお、本マニュアルで記載するリスク分析手法は必須条件ではなく、対象システムおよび評価者の能力により最適なものを選択すればいい。

1)　ベースラインアプローチ

ベースラインアプローチには、類似のシステム構成部分に関しては、参考文献[3]に事例として記載されている「S病院システム分析書」のリスク項目が参考となる。

2)　非形式アプローチ

システムに関して、守るべき資産、可能性のある脅威(潜在脅威)などを用いて分析する。脅威分析では、可能性のある脅

威（潜在脅威）をすべて抽出する。抽出した潜在脅威に対し、前提条件になる脅威、および考慮すべき脅威を分類する。

② リスク分析の実施

**表9.12**に店舗向け多目的ビデオシステムの非形式アプローチのリスク分析項目の分析例を示す。合計5項目の潜在的脅威を洗い出している[24]。

ベースラインとして採用する規程文書を選定し、規程の各条文に対して適合性を確認し、結果を記入する。結果は規程に適合し

表9.12　ベースラインアプローチによるリスク項目の例

| | ベースライン項目 | 判定 | 根拠 |
|---|---|---|---|
| SB1 | ルータ、サーバ等の中継システム上でデータを傍受、改ざん、削除、追加ができる。 | △ | プライバシーマークを取得している。安全管理措置は実施していると思われるが、設計書にルータ、サーバ等の中継システム上の安全対策が明記されていない。 |
| SB2 | 無線LANの使用でデータ盗聴できる。 | ○ | 店舗システムと管理センターの間はセキュアなインターネットで接続する。端末はセキュリティ機能を有するWi-Fiで接続されると記述がある。 |
| SB3 | コンピュータウイルスを防止するため、ウイルスチェック対策が行われている。 | △ | 本システムはウイルスチェック対策が明記されていない。ただし、プライバシーマーク認証を取得済みであり、個人情報に関する管理の一環で対策は行われていると思われる。 |
| SB4 | LANボード、モデム、ハードウェアなどをよくチェックして、故障を防ぐ。 | △ | 「管理センターは24時間稼働するように運営される」という記述があり、適切な対応はされていると思われるが、設計書には明記していない。 |
| SB5 | 本システム内機器の破壊、持ち出しができる。 | △ | プライバシーマークを取得している。従業員のセキュリティ教育を実施しているため、安全管理措置は実施していると思われるが明確な記述がない。 |

ていると認められる場合「○」、不適合が認められる場合「×」、
用意された資料の記述からは不明な場合「△」を付すなど、一定
のルールに沿って記述する。表9.13に店舗向け多目的ビデオシ
ステムのベースラインアプローチのリスク項目の例を示す。

表9.14にベースラインアプローチと非形式的アプローチを実
施した分析結果の例を示す(表中の「○」は本システムのリスク

表9.13　非形式アプローチによるリスク項目の例

| | 脅威 | 判定 | 根拠 |
|---|---|---|---|
| PT1 | **DB不正アタック**<br>アタッカは管理ツールを利用して DB のデータを不正に参照するかもしれない。 | ○ | 技術のセキュリティ対策方針として、DB を暗号化して保管しているため、脅威から外してよいと判断する。 |
| PT2 | **端末の盗難**<br>アタッカは端末を不正に入手するかもしれない。 | ○ | 管理センターは物理的、組織的、人的安全管理措置がなされ、店舗側では貸与品などセキュリティ教育が適正に実施されている。端末が安全に常時保護されるか明記されていないが、端末は店舗内のみで利用される。 |
| PT3 | **端末の不正使用**<br>アタッカは不正入手した端末を用い、DB のデータを参照するかもしれない。 | △ | 店舗側では、貸与品などセキュリティ教育が適正に実施されているが、端末が安全管理措置の安全管理措置については明記されていない。 |
| PT4 | **アクセス情報の窃盗**<br>アタッカはネットワークカメラのアクセスコードを不正に入手し、撮影画像を窃盗するかもしれない。 | △ | ネットワークは VPN を利用。組織はプライバシーマークを取得し、適切な従業員教育をしていることから安全管理措置が実施されていると思われるが、明記されていない。 |
| PT5 | **権限の不正利用**<br>センター管理者は権限を利用し、データを目的外に不正に取り出すかもしれない。 | ○ | 組織のセキュリティ対策方針として、管理者は適切な教育と管理をされているため、脅威から外してもよいと判断する。 |

表 9.14 リスク分析結果の例

| No. | 脅威 | 脆弱性 | 判定 | リスク | 参照リスク番号 |
|---|---|---|---|---|---|
| 1 | アタッカは管理ツールを利用して DB のデータを不正に参照する。 | — | ○ | 該当なし | PT1、SB7 |
| 2 | アタッカは、端末を不正に入手する。 | プライバシーマークを取得している。従業員のセキュリティ教育を実施している。端末は店舗内に限定されている。 | ○ | 情報漏えい | PT2、SB5 |
| 3 | 不正入手した端末を用い、DB のデータを参照する。 | 店舗側では、貸与品などセキュリティ教育が適正に実施されているが、端末が安全管理措置については明記されていない。 | △ | 情報漏えい、改ざん | PT3 |
| 4 | アタッカはネットワークカメラのアクセスコードを不正に入手し、撮影画像を窃盗するかもしれない。 | ネットワークは VPN を利用。組織はプライバシーマークを取得し適切な従業員教育をしていることから安全管理措置が実施されていると思われるが、明記されていない。 | △ | 情報漏えい、改ざん | PT4 |
| 5 | センター管理者は権限を利用しデータを目的外に不正に取り出す。 | 組織のセキュリティ対策方針として、管理者は適切な教育と管理をされているため、脅威から外してもよいと判断する。 | ○ | 該当なし | PT5 |
| 6 | ルータ、サーバ等の中継システム上でデータを傍受、改ざん、削除、追加する。 | 設計書にルータ、サーバ等の中継システム上の安全対策が明記されていない。 | × | 情報漏えい、改ざん | SB1 |

第2部 プライバシー影響評価(PIA)の実施手順

に該当しないという意味である)。

③　ステークホルダへのヒアリング

　収集した資料やシステムの実機(改修の場合)だけで分析できない場合、PIA 評価チームは必要に応じてプロジェクトのステークホルダ(関係者)にヒアリングを実施する。

## 9.2.3　業務フローリスク分析

　対象システムの業務・データフロー分析書を参照資料としてリスク分析を行うことでプライバシーに影響を与える項目を検出し、影響評価のプロセスで参照する根拠資料を作成することを目的とする。

　評価チームは、表 9.15 に示すとおり、対象システム概要資料、参照規程文書、9.1.1 項で作成した業務フロー分析書を用い、リスク分析を実施する。

表 9.15　業務フローリスク分析の手順

| 入力 | 手順 | 出力 |
|---|---|---|
| • 対象システム概要資料<br>• 参照規程文書(ガイドライン・法令等)<br>• 業務フロー分析書<br>• 安全管理措置関連資料 | ①　個人情報管理台帳の作成<br>②　業務フローリスク分析手法の選定<br>③　業務フローリスク分析<br>④　ステークホルダへのヒアリング | • 業務フローリスク分析書(個人情報管理台帳も含める) |

　表 9.15 の「手順」①～④の詳細は以下のとおりである。

①　個人情報管理台帳の作成

　システムで取り扱う個人情報を整理した文書が個人情報管理台帳である。個人情報管理台帳は業務フロー分析書の各業務ケースをもとに取り扱う個人情報を分析し作成する。表 9.16 に個人情

表 9.16 個人情報管理台帳の項目例

| 項目 | 内容 |
|------|------|
| 個人情報名 | 個人情報の名称 |
| 個人情報項目 | 保管する個人情報の内容 |
| 情報入手方法 | 個人情報がどのように取得されるか |
| 利用目的 | 取得後どのように利用されるか |
| 媒体 | 個人情報の取得・保管の媒体 |
| 保管場所 | 個人情報がどこで保管されるか |
| 管理者 | 個人情報の取扱い責任者 |
| 廃棄方法 | 廃棄に関する規程があれば記入 |

報管理台帳の項目（例）、**表 9.17** に個人情報管理台帳を示す。

② 業務フローリスク分析手法の選定

業務フローリスク分析手法として、ベースラインアプローチと非形式アプローチを組み合わせる方法を採用した例を示す。

• ベースラインアプローチによるリスク分析

ベースラインとして採用する規程文書を選定し、規程の各条文に対し、適合性を確認し、結果を記入する。結果は規程に適合していると認められる場合「〇」、不適合が認められる場合「×」、用意された資料の記述からは不明な場合「△」を付すなど、一定のルールに沿って記述する。

• 非形式アプローチによるリスク分析

非形式アプローチによるリスク分析は、規程文書を用いずにリスク分析を行う方法で、実施者の知識や経験に依存する。リスク検出の妥当性を保証するため、手順に沿ってリスク分析を行う方法として、プライバシーマークの手法を用いたリスク分析が挙げられる[2]。

表 9.17　個人情報管理台帳の例

| No. | 情報名 | 個人情報入手手順 | 業務 | 利用目的 | 個人情報項目 | 媒体 | 保管場所 | 管理者 | 廃棄方法 |
|---|---|---|---|---|---|---|---|---|---|
| 1 | 店内設置カメラ画像 | 店内設置カメラによる撮影 | 1 | 防犯目的で記録統計情報の作成 | 顔画像容姿・歩容 | 画像DB | 管理センター | C.管理者 | 1日後に上書き |
| 2 | 統計情報 | 店内設置カメラ映像から生成 | 1 | マーケティング | 匿名加工情報（年齢・性別・日時） | 統計DB | 管理センター | C.管理者 | 規程なし |
| 3 | 万引き者画像 | 店内設置カメラによる撮影 | 2 | 特徴量情報の生成ダウンロード昨日の提供 | 顔画像歩容 | 画像DB | 管理センター | C.管理者 | 規程なし（一定期間後の削除） |
| 4 | 万引き者特徴量情報 | 店内設置カメラによる撮影 | 3 | 再来店時の通知 | 特徴量情報 | 画像DB | 管理センター | C.管理者 | 規程なし（一定期間後の削除） |
| ⋮ | ⋮ | ⋮ | ⋮ | ⋮ | ⋮ | ⋮ | ⋮ | ⋮ | ⋮ |

③　業務フローリスク分析

　・ベースラインアプローチによるリスク分析

　　表 9.18 にベースラインアプローチによるリスク分析表の項目例を、表 9.19 にリスク分析表の例を示す。

　・非形式アプローチによるリスク分析

　　表 9.20 に非形式アプローチによるリスク分析表の項目例を、表 9.21 にリスク分析表の例を示す。

④　ステークホルダへのヒアリング

　　収集した資料やシステムの実機（改修の場合）だけで分析できない場合、PIA 評価チームは必要に応じてプロジェクトの関係者にヒアリングを実施する。

表9.18 ベースラインアプローチによるリスク分析表の項目例

| 項目 | 内容 |
|---|---|
| 規程 | 基となるガイドラインなどの規程を記載 |
| 該当法令 | ガイドラインの根拠となる法令を記載 |
| ベースライン | 作成したベースラインを記載 |
| 評価 | 規程に適合性の評価結果を、適合・不適合・判定不能を明記 |
| 根拠 | 結果の判定に至る根拠を記載 |

表9.19 ベースラインアプローチによるリスク分析表の例

| No. | ベースライン | 評価 | 根拠 |
|---|---|---|---|
| B1 | 取得した個人情報を目的以外に利用できない機器を実装 | 適合 | データの取得は、万引き防止、防災、マーケティングに利用するなど明確である。また、マーケティングにおいては統計データとするなど適切な処理を実施している |
| B2 | 個人情報の取得に当たり、適切にオプトインまたはオプトアウトを実施 | 判定不能 | カメラの設置表示や、万引き者からの個人情報取得に当たり適切な同意が必要と考えられる。基本設計段階においては規定されておらず、詳細設定時に対応を勧める。 |
| ⋮ | ⋮ | ⋮ | ⋮ |

表9.20 非形式アプローチによるリスク分析表の項目例

| 項目 | 内容 |
|---|---|
| ライフサイクル | 個人情報の取得、伝達、利用、保管、廃棄、各フェーズごとに記入 |
| 業務 | ライフサイクルにおける業務の概要を記入 |
| 脅威 | ライフサイクルに特定できたリスク(潜在的な脅威)および対応策 |

第2部 プライバシー影響評価(PIA)の実施手順

表9.21　非形式アプローチによるリスク分析表の例

| ライフ<br>サイクル | 業務 | 脅威 |
|---|---|---|
| 取得 | • カメラが来店の顧客の顔画像を取得<br>• 同意のうえ、万引き者の氏名などを取得 | 同意を得ていない来店客の個人情報を取得<br>⇒詳細設計フェーズにおいては設置表示などに関する規程が必要。基本設計段階では対応範囲外<br>購入した商品名など要配慮個人情報を取得<br>⇒考慮すべき脅威 |
| 伝達 | VPN を通じて処理サーバに画像を転送 | 転送中にデータを窃取される<br>⇒安全管理措置 C2(VPN)など上位レベルの対応により考慮対象外 |
| ⋮ | ⋮ | ⋮ |

## 9.3　影響評価

　評価チームは、**表 9.22** に示すとおり、評価対象システムに必要なリスク対応を検討の後、個人情報への影響を評価し、評価結果を影響評価報告書としてまとめる。

表9.22　影響評価の手順

| 入力 | 手順 | 出力 |
|---|---|---|
| • システムリスク分析書<br>• 業務フローリスク分析書<br>• 安全管理措置関連資料<br>• 評価シート | ① 影響評価の実施<br>② リスク対応計画の策定<br>③ ステークホルダへのヒアリング | • 影響評価報告書 |

　個人情報への影響について、以下の2つの観点による双方向リスク分析により評価する。

　　• リスク対策計画の評価：評価シートの各評価項目に対してシステムリスク分析書、業務フローリスク分析書などを確認し、評価対

象のシステムにおけるリスクの存在や対策の計画状況を評価する。

- 要求事項の完備性の評価：検出したリスクに対応する評価項目の存在を確認し、要求事項におけるリスク検討漏れの可能性を評価する。

表9.22の「手順」①～③の詳細は以下のとおりである。

① 影響評価の実施

影響評価は、「リスク対策計画の評価」と「要求事項の完備性の評価」の2つの観点から行う。

1) リスク対策計画の評価

評価チームは、評価シートの評価項目についてシステムリスク分析書、業務フローリスク分析書などを参照して評価を行い、評価シートの以下の欄に追記する。

- 評価結果：評価項目に対して認定した事実を記入する。また、認定した事実に対する評価を表9.23に示す4つの区分で記入する。

表9.23 評価区分

| 評価結果 | 区分説明 |
|---|---|
| 適合（○） | 適切な安全管理措置が計画されている |
| 不適合（×） | 安全管理措置が未計画または不十分である |
| 評価不能（△） | 安全管理措置の計画状況が不明である |
| 評価対象外（−） | 対象システムにおいては評価対象外である |

- 指摘・推奨事項：指摘事項か、推奨事項かを記入し、その事項の内容を記入する。
- 査閲資料：評価の証拠とした資料やヒアリング結果を記

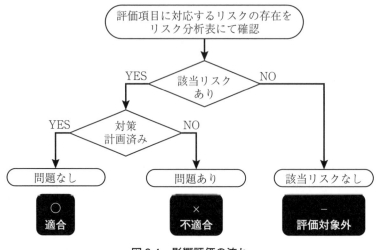

図 9.4　影響評価の流れ

入する。

　**図 9.4** に、影響評価の流れを示す。

　評価チームは各評価項目について、対応するリスクの存在をシステムリスク分析書、業務フローリスク分析書を利用して判定する。対応するリスクが存在しなければ、その評価項目に関して該当リスクなし（評価対象外）と評価する。対応するリスクが存在する場合は、対策の計画状況について確認し、検証結果欄に記載する。その対策が適切であれば問題なし（適合）、不十分または計画されていない場合には問題あり（不適合）と判定する。計画未定などの理由により評価が不能な場合には、その旨（評価不能）を記載する。

　**表 9.24** に不適合項目の記載例を示す。

2)　要求事項の完備性の評価

　評価チームは、システムリスク分析書および業務フローリスク分析書にて洗い出したリスクのうち、各評価項目から一

表 9.24 不適合項目の記載例

| 評価項目 | 指摘事項 | 評価結果 |
|---|---|---|
| • 目的外利用の同意 評価対象システムにて、個人情報の取得・利用目的を超えて利用する場合、本人の同意を得る手続き、手順が定められているか。 | 本件は不適合に相当する。<br>査閲資料によると、本来の利用目的の範囲を超えて使用する場合は、本人の同意なく個人情報の利用提供を行わない旨、定められている。<br>ただし、…となっていない。早急に組織体制を整える必要があり、運用管理規程内に明記すべきである。 | ×<br>不適合 |

度も参照されなかったリスクが存在するかどうか確認する。

確認の結果、リスクとして検出したが評価項目に挙がっていないリスクが存在する場合、評価項目に不備がある可能性がある。例えば、情報セキュリティ上の新たな脅威に対して、ガイドラインなどが未整備の可能性を意味している。

不備については3つの評価区分例（重大な不備、不備、軽微な不備）を設ける。PIA 報告書において要求事項の不備を指摘するとともに、技術的な対策の他、法律の整備、運用ガイドラインなどの整備を促す必要がある。**表 9.25** に要求事項の不備の評価区分例を、**表 9.26** に不備の記載例を示す。

表 9.25 要求事項の不備の評価区分例

| 評価 | 説明 |
|---|---|
| 重大な不備 | 個人情報保護に関わる重要なコンプライアンスの不備であり、影響が大きい ⇒ **指摘事項**を記載 |
| 不備 | 個人情報保護に関わるコンプライアンスの不備であるが、影響は小さい ⇒ **指摘事項**を記載 |
| 軽微な不備 | 個人情報保護に関わるコンプライアンスの不備であるが、影響は極めて小さい ⇒ **推奨事項**を記載 |

表 9.26　要求事項の不備の記載例

| 評価項目 | 指摘事項 | 推奨・要求事項 |
|---|---|---|
| システムリスク分析 (9)<br>LAN ボード、モデム、ハードウェアなどの故障で、通信は不可である | 本件は軽微な不備に相当する。管理センターは 24 時間稼働するように運営されるという記述があり、適切な対応はされていると思われるが、設計書には明記していない。 | （推奨事項）<br>24 時間稼働することを前提とし、機器故障により情報の毀損・滅失またはセキュリティ機能が無効化しないための対策を設計書に明記する。 |
| 業務フローリスク分析 (R-2)<br>万引き者に関する個人情報は要配慮情報であり、取得する場合は、本人の同意が必要である。 | 本件は不備に相当する。同意のない要配慮個人情報の取得に当たる。 | （要求事項）<br>要配慮個人情報の取得時には本人の同意を必要とすることについて、規程を定める。 |

② 　リスク対応計画の策定

　　評価チームは、「リスク対策計画の評価」で「不適合」と判定した項目に関しては指摘事項を、要求事項は満たしているが、さらに安全性を高めるための推奨事項や、評価不能と判定した項目に関しては推奨事項を、評価シートに記載する。

　　残存しているリスクの影響の大きさと発生可能性とに応じ、参照規程文書などを利用して必要なリスク対応を検討する。参照規程文書の要求事項は、システムを限定しないため、抽象的な表現を用いる場合が多い。評価チームは対象システム関連文書を併せて参照し、リスク対応を具体的に検討しなければならない。例えば、「適切な識別認証の整備」という要求事項に対しては、具体的には「ユーザ ID とパスワード」「生体認証」の実装といった技術的安全管理措置によるリスク対応が考えられる。

影響の大きさと発生可能性とに応じたリスク対応については、例えば**図 9.5** を参考にする。技術的安全管理措置の採用は、低減（発生可能性を小さくする）に該当することが一般的である。

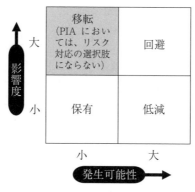

**図 9.5 PIA のリスク対応の選択肢**

責任を他に転嫁する移転は原則ないと考える。責任は情報を所有するリスクオーナーや経営者（組織のトップ）がとる。もし、リスクに対する責任を果たせなければ、個人情報を所有しないという回避策が有効である。保有も可能な限り小さくすることが重要である。保有の判断は ISMS でいう経営者、リスクオーナーがとるのではなく、PIA の結果を踏まえて、情報を提供する主体が決めるべきと考える。ここが ISMS のリスクマネジメントと異なる点である。

③ ステークホルダへのヒアリング

収集した資料やシステムの実機（改修の場合）だけでは評価が判断できない場合には、PIA 評価チームは必要に応じてプロジェクトの関係者にヒアリングを実施する。

なお、評価を行うなかで、評価項目に対応するリスクの考慮漏れが顕現した場合には、前項に戻ってリスク分析を見直す。

第２部　プライバシー影響評価（ＰＩＡ）の実施手順

## 9.4　PIA 報告・レビュー

　9.1 節〜9.3 節で作成した各ドキュメントに基づき、PIA 報告書を作成する。評価チームは、**表 9.27** に示すとおり、PIA 報告書を作成する。作成した PIA 報告書はステークホルダのレビューを経て、提出・公開する。

表 9.27　PIA 報告・レビューの手順

| 入力 | 手順 | 出力 |
|---|---|---|
| • 影響評価報告書および関連資料 | ① PIA 報告書作成<br>② PIA パブリックサマリ報告書作成<br>③ ステークホルダによるレビュー<br>④ PIA 報告書の提出・公開 | • PIA 報告書<br>• PIA パブリックサマリ報告書 |

　**表 9.27** の「手順」①〜④の詳細は以下のとおりである。

　① PIA 報告書作成

　　　評価チームは、実施した評価結果をもとに、PIA 報告書を作成する。表紙に実施対象(情報システム、プロジェクト等)の名称、PIA を実施した組織名と連絡先、問い合わせ先担当者または担当窓口の情報と連絡先、ドキュメントのバージョンおよび PIA 報告書の発行年月日を明記する。

　　　報告書は、情報セキュリティ監査報告書の雛形に沿って作成する。報告書は、以下の記載区分によって構成する。

　　　1) 導入区分：実施対象を記載する。

　　　2) 概要区分：分析とリスク評価を記載する。

　　　3) 意見区分：評価結果(指摘事項および推奨事項)を記載する。

　　　4) 特記区分：必要に応じて特記すべき事項を記載する。

　　　PIA 報告書の必須項目として、記載区分ごとに、以下の項目を記述する。PIA は実施対象に対し、保証監査的に実施する場

合と助言型監査的になる場合がある。助言型監査的な PIA の場合、4)特記区分の記載が重要である。

1) 導入区分
- 目的
- 期間、スケジュール
- 適用範囲
- 体制(PIA 評価チーム、PIA 実施依頼責任者)

2) 概要区分
- 対象システムに関する記述(システム構成、取り扱う個人情報など)
- リスク評価実施手順およびリスク評価基準
- 実施に当たり使用した専門知識
- 以下に該当する要求事項
法令または規則、ISO/IEC 29100 に記述されるプライバシー主体、組織自身が課す義務(例えばプライバシーポリシー)、契約者やステークホルダが課す義務

3) 意見区分
- 表 9.24 および表 9.26 の評価区分別指摘・推奨事項数
- 対象システムが計画する安全管理措置に対する評価
- 法令やガイドライン、組織内規程の整備等に関する評価

4) 特記区分
- リスク低減のための推奨事項
- PIA 評価自体には含まれない運用に関する留意点や推奨事項を記載することもできる。

② PIA パブリックサマリ報告書作成
　　ステークホルダの理解を得るために、PIA 報告書から評価結果の公開用報告書を作成し、ウェブページなどで公開することを

推奨する。

　PIA報告書はセキュリティに対する秘密情報（公開することにより攻撃のヒントを与える情報）を含むため、公開用報告書（PIAパブリックサマリー報告書）の作成が必要である。作成に当たっては、機密情報を取り除き、情報提供者に関係するポイントのみを記載する。客観性をもたすため、認定個人情報保護団体などの第三者の助言が必要である。

③　ステークホルダによるレビュー

　作成したPIA報告書は、提出・公開の前に組織内ステークホルダによるレビューを実施する。レビュー方法は、アンケートやインタビュー、ワークショップなどがあり、この協議の結果をPIA報告書に明記することが望ましい。

④　PIA報告書の提出・公開

　実施チームは、実施依頼組織の責任者にPIA報告書を提出する。実施依頼組織に対し報告会を開催し、システム設計書における個人情報に関する問題や、運営ルールなどの必要な是正をレビューする。

　報告会終了後、実施依頼組織の責任者は、CPOや認定個人情報保護団体の助言を受けPIA報告書を承認し、正式版として発行する。

　なお、すべての報告書を公開する義務はないが、公的なシステムは公開が原則である。公共的あるいは民間システムに関する報告書も可能な限り公開することが望ましい。一般公開はパブリックサマリ報告書でよい。

**第 2 部の参考文献**

[1]　瀬戸洋一、伊瀬洋昭、六川浩明、新保史生、村上康二郎(2010)：『プライバシー影響評価 PIA と個人情報保護』、中央経済社。

[2]　瀬戸洋一(2014)：『実践的プライバシーリスク評価技法　プライバシーバイデザインと個人情報影響評価』、近代科学社。

[3]　瀬戸洋一(2016)：『プライバシー影響評価ガイドライン実践テキスト』、インプレス R&D。

[4]　個人情報の保護に関する法律(平成二十七年九月改正)

[5]　日本工業標準調査会(審議)：『JIS Q 15001：2017 個人情報保護マネジメントシステム―要求事項』、日本規格協会、2017 年

[6]　瀬戸洋一(2017)：『プライバシーリスク対策技術テキスト』、Kindle ダイレクトパブリッシング。

[7]　瀬戸洋一ほか(2009)：『情報セキュリティの実装保証とマネジメント』、日本工業出版。

[8]　ISO：ISO/IEC 29134：2017 *"Information technology—Security techniques—Guidelines for privacy impact assessment"*(日本工業標準調査会(審議)：『JIS X 9251：2020　情報技術―セキュリティ技術―プライバシー影響評価のためのガイドライン、日本規格協会、2020 年』)。

[9]　ISO(2008)：ISO 22307：2008 *"Financial services—Privacy impact assessment"*

[10]　神奈川県：「防犯カメラの設置・管理に関するガイドライン」(https://www.pref.kanagawa.jp/documents/656/camera_guide.pdf)

[11]　札幌市：「札幌市防犯カメラの設置及び運用に関するガイドライン」(http://www.city.sapporo.jp/shimin/chiiki-bohan/camera/documents/guideline.pdf)

[12]　東京都：「東京都が設置する防犯カメラの運用に関する要綱」(https://www.bouhan.metro.tokyo.lg.jp/paper/guide/t06_02.pdf)

[13]　相模原市：「相模原市防犯カメラの設置及び運用に関するガイドライン」(https://www.city.sagamihara.kanagawa.jp/_res/projects/default_project/_page_/001/008/475/h30_guideline.pdf)

[14]　経済産業省(2018)：「カメラ利活用ガイドブック ver2.0」(https://www.meti.go.jp/press/2017/03/20180330005/20180330005-1.pdf)

[15]　ISO(2018)：ISO/IEC 31000：2018 *"Risk management-Principles and Guidelines"*(日本工業標準調査会(審議)：『JIS Q 31000：2019　リスクマネジメント―指針』、日本規格協会、2019)。

[16]　情報処理推進機構(2015)：「つながる世界のセーフティ&セキュリティ設計入門」(https://www.ipa.go.jp/sec/reports/20151007.html#01)

第２部　プライバシー影響評価(PIA)の実施手順

[17]　高坂定、瀬戸洋一(2011)：「エンジニアのための情報セキュリティ入門(第 4 回)プライバシー バイ デザイン―計画的なプライバシー対策」、『自動認識』、pp.57-64、No.24、Vol.11、2011 年 10 月号。

[18]　小泉雄介(2016)：「EU データ保護規則案の合意内容と今後のスケジュール」、国際社会経済研究所(https://www.i-ise.com/jp/information/report/2016/pdf/20160125_koizumi.pdf)

[19]　JIPDEC(2016)：「個人データの取扱いに係る自然人の保護及び当該データの自由な移転に関する欧州議会及び欧州理事会規則(一般データ保護規則)(仮日本語訳)」(https://www.jipdec.or.jp/archives/publications/J0005075)

[20]　中田亮太郎、慎祥揆、瀬戸洋一(2017)：「プライバシー影響評価の評価基準へ ISO/IEC 29100・2011 の適用」、『信学技報』、Vol.117, No. 285, ISEC2017-52, pp. 19-26。

[21]　長谷川久美、瀬戸洋一(2017)：「各国におけるプライバシー影響評価の導入状況の分析」、『コンピュータセキュリティシンポジウム 2017 論文集』、2017 年 2 月号。

[22]　長谷川久美、中田亮太郎、瀬戸洋一(2017)：「ネットワーク型カメラシステムの課題と対策(前編)」、『画像ラボ』、pp. 1-6、No. 6、Vol. 28、2017 年 6 月号。

[23]　中田亮太郎、長谷川久美、瀬戸洋一(2017)：「ネットワーク型カメラシステムの課題と対策(後編)」、『画像ラボ』、pp. 1-6、No. 7、Vol. 28、2017 年 7 月号。

[24]　瀬戸洋一ほか(2017)：「店舗向け多目的カメラシステムにおけるプライバシー影響評価報告書」、産業技術大学院大学。

[25]　個人情報保護委員会：「認定個人情報保護団体一覧」(https://www.ppc.go.jp/files/pdf/personal_ninteidantai.pdf)

[26]　日本情報経済社会推進協会：「認定個人情報保護団体とは」(http://www.jipdec.or.jp/protection_org/about.html)

[27]　藤井秀之、山口 健介(2010)：「スマートグリッドとプライバシー・個人情報の保護　プライバシー影響評価(PIA)からの検討」、『電子情報通信学会技術研究報告 技術と社会・倫理(SITE)』、No. 231、Vol. 110、pp. 35-40.

[28]　ISO(2011)：ISO/IEC 29100：2011 *"Information technology—Security techniques—Privacy framework."*

# 第3部
## 店舗向け多目的監視カメラ システムの PIA 実施事例

第3部は、情報システムやプログラム、機器等の開発に対して、プライバシー影響評価（Privacy Impact Assessment：PIA）を実施する読者を対象に、プライバシー影響評価の一連の実施手順を具体的な事例を用いて説明する。

事例は、社会で広く利用されている監視カメラシステムである。現在、店舗に設置されたカメラには、顧客の安全確保だけでなく、書店における万引き常習者の監視、百貨店におけるお得意様来店時サービス、商品の売れ筋マーケティングなど、さまざまな分野で利用されている。

第3部では、店舗において、多目的に利用されるカメラシステムを例に、PIA の各プロセスで実施する成果物に関し解説する。

例示したドキュメントを読むだけでなく、読者自身でドキュメントを実際に作成することを勧める。例示したドキュメントは、テンプレートとして活用可能である。

PIA

# 第10章
# PIA 実施の概要

## 10.1　実施の目的

　店舗向け多目的監視カメラシステムは、防犯、防災、マーケティング等を目的に構築するオンラインで結ばれる各店舗と管理センターより構成される。事前に個人情報の漏えいのリスクを低減することを目的として、店舗向け多目的監視カメラシステムの基本設計書に対してプライバシー影響評価（Privacy Impact Assessment：PIA）を実施する。

　第3部で紹介するPIAの事例は、「店舗向け多目的監視カメラシステム基本設計書（企画書）」に対して、システム構築・運用組織の責任者が産業技術大学院大学PBLチームにPIAの実施を依頼し、PIA実施結果をまとめたものである。

　なお、本文中の「付録」および「対象資料」（14.2.2項）、「補足資料」（15.1節、15.2節）についてはあくまでも記述の一例にすぎないので注意してほしい。

## 10.2　PIA の実施手順

　PIAは、第2部で解説したように、図10.1に示すPIAの実施手順で実施する。実施手順は、「PIA実施の準備」「PIA評価の実施」「PIAの報告」の3つのフェーズより構成される。

　第11章～第13章で「PIA実施の準備」、第14章で「PIA評価の実施」、そして、第15章で「PIAの報告」を解説する。

| | PIA 実施の準備 | | PIA 評価の実施 | | PIA の報告 |
|---|---|---|---|---|---|
| | 予備評価 | 評価準備 | リスク分析 | 影響評価 | 報告・レビュー |
| 入力 | • システム設計書<br>• 業務概要書<br>• 運用管理規程など | • 評価対象関連文書<br>• 参照規程文書<br>• 評価方針(詳細、簡易) | • 対象システム関連文書<br>• 参照規程文書<br>• システム分析書<br>• 業務フロー分析書<br>• 安全管理措置関連資料 | • システムリスク分析書<br>• 業務フローリスク分析書<br>• 安全管理措置関連資料<br>• 評価シート | • 影響評価報告書および関連資料 |
| 手順 | • 評価関連資料の収集<br>• 対象範囲の確定<br>• 保護すべき個人情報の抽出 | • 対象システムの分析<br>• 業務フローの分析<br>• 評価シートの作成 | • システムリスク分析手法の選定<br>• システムリスク分析 | • 影響評価の実施 | • PIA 報告書の作成 |
| | • 対象システム、個人情報フローの分析 | • 実施体制の整備<br>• 対象範囲の特定<br>• 参照規程文書、組織内規程などの特定<br>• ステークホルダの特定と協議計画の策定 | • 個人情報管理台帳の作成<br>• 業務フローリスク分析手法の選定<br>• 業務フローリスク分析 | • リスク対応計画の策定 | • PIA パブリックサマリ報告書の作成 |
| | • 影響評価<br>• 簡易および詳細 PIA の判断<br>• 予備 PIA 報告書の作成 | • 実施スケジュールの策定<br>• PIA 実施計画書の作成 | • ステークホルダへのヒアリング | • ステークホルダへのヒアリング | • ステークホルダによるレビュー<br>• PIA 報告書の提出・公開 |
| 出力 | • 予備 PIA 報告書 | • システム分析書<br>• 業務フロー分析書<br>• 評価シート<br>• PIA 実施計画書 | • システムリスク分析書<br>• 業務フローリスク分析書 | • 影響評価報告書 | • PIA 報告書<br>• PIA パブリックサマリ報告書 |

図 10.1 PIA の実施手順

## 10.3　PIA 対象システムの概要

### （1）　システム構成

　図 10.2 に示すように、PIA を実施する店舗向け多目的監視カメラシステムは、各店舗と管理センターを結ぶオンラインシステム構成である。防犯、防災、マーケティング等を目的に各店舗で収集された情報は、管理センターで処理・管理している。図 10.2 の点線で囲む部分が、PIA の範囲である。店舗と管理センターを接続するインターネット部分はシステム設置運営者の管理範囲であるため、PIA の対象から外す。

　表 10.1 に対象システムの機能の概要を示す。

### （2）　業務の概要

　店舗向け多目的監視カメラシステムに関連する業務は以下のとおりである。ポイントを以下の①〜⑧に示す。

　　①　店舗内にいる店員、顧客の顔および位置を計測し、管理センターにデータ通信する。インターネットによる通信は VPN により

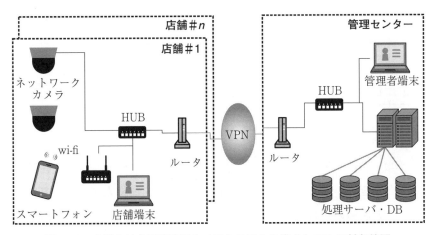

**図 10.2　店舗向け多目的監視カメラシステムの構成と PIA の対象範囲**

第3部　店舗向け多目的監視カメラシステムのＰＩＡ実施事例

表10.1 対象システムの機能

| 項番 | 項目 | 内容 |
|---|---|---|
| 1 | 対象システム範囲 | 「店舗向け多目的監視カメラシステム」(図10.2「店舗向け多目的監視カメラシステムの構成とPIAの対象範囲」を参照) |
| 2 | 機能 | • マーケティング(来訪者検出):店内に設置したカメラで来訪者を検出し、顔画像を収集する。<br>• マーケティング(統計データ解析):年齢や性別等のデータを抽出しマーケティングに必要な統計データを算出する。<br>• 防災(群衆行動解析):人の集まりを群衆のままに捉える画像解析技術。人数、移動方向などを計測する。また、喧嘩などもめている行動も抽出する。<br>• 防犯(実行者登録):万引きなど実行者(容疑者)の情報(氏名、住所、年齢、性別、職業、顔画像および特徴データ等)を登録する。これらは要配慮個人情報に相当する。<br>• 防犯(容疑者照会):撮影された画像と登録した特徴データを照合する。<br>• 通知・登録:店内を巡回する店員(保安員)のスマートフォンに、万引き常習者の来訪を知らせるメール(画像とアラーム)を送信する。マーケティングに必要な統計データを店舗や運営会社に報告する。また、災害発生時等に、店舗内のどこに何人いるかなどを店舗や運営会社に報告する。 |
| 3 | システム利用者 | 店舗責任者、店員(保安員)、システム管理者 |
| 4 | レコード数 | 企画段階であるため、未定である。 |

秘匿通信する。

② 管理センターで、事前に登録済の万引き者の顔特徴量と比較処理を行い、該当者がいる場合は、顔データと個人属性データなどを店舗の店員(保安員)のスマートフォンおよび店舗の管理職(店長)に送信しアラームを通知する。

③　店舗から要求があった時点で、管理センターに保管されている万引き者などの画像入りリストをダウンロードできる機能をもつ。

④　店舗内で万引きなどの不正行為があった場合、不正行為者本人の同意を得て管理センターのデータベースに情報（氏名、顔データ、特徴量データ）を登録する。未成年者の場合は、保護者の許可を得て登録する。本件に関しては別途ガイドラインに準じて処理する。なお、データの削除は、一定の期間（例えば、1年間同一者が犯罪行為を犯さなかった場合）を経た後、自動的に消去する機能により実行される。

⑤　管理センター内システムでは、マーケティングに必要な情報（年齢、性別、日時）を抽出し統計データ処理を行う。この場合の統計データは、国が指定した基準に従った匿名化データである。

⑥　店舗のどこに何人の顧客と従業員がいるか、移動の方向などの災害時に必要なデータを、リアルタイムで把握し、店舗および運用会社に適宜通知する。

⑦　万引き者のアラームは、万引き者が入店時に通知する。マーケティングデータは、契約内容に従い、オンラインあるいはオフラインで報告する。

⑧　災害に関する情報は、指定された担当者および管理職の指示に従い、リアルタイムで通知する。

## (3)　適用法令および規格等

本システムの構築・運用に関係する法令、規格および規則は以下のとおりである。

- 警察庁：「街頭防犯カメラ整備・運用の手引き（案）」（https://www.npa.go.jp/safetylife/seianki8/7th_siryou_3.pdf）

第3部　店舗向け多目的監視カメラシステムのPIA実施事例

- 東京都：「東京都が設置する防犯カメラの運用に関する要綱」
  （http://www.bouhan.metro.tokyo.jp/paper/guide/t06_02.pdf）
- 日本防犯設備協会：「防犯カメラ管理規定（例）」（http://www.
  manboukikou.jp/pdf/situation204.pdf）
- 相模原市：「相模原市防犯カメラの設置及び運用に関するガイド
  ライン」（http://www.city.sagamihara.kanagawa.jp/dbps_data/_
  material_/_files/000/000/033/530/guideline.pdf）

# 第 11 章
# 予備 PIA 報告書

## 11.1　はじめに

　PIA 実施の準備のフェーズは、以下の処理を実施する。

### （1）　予備評価

　PIA 本評価を実施するか否かを決定するプロセスである。本評価を実施する場合は、簡易評価を実施するか詳細評価を実施するか判断する。また、必要なドキュメントや実施体制に関する基本情報を収集し、予備 PIA 報告書を作成する。

### （2）　評価準備

　評価準備は、以下の 4 点を実施し、実施計画書を作成する。
　　①　分析書の作成
　　②　評価シートの作成
　　③　実施体制の整備
　　④　実施計画の策定
　本章では、店舗向け多目的監視カメラシステム基本設計書に対する予備 PIA 報告書を作成する。評価シートに関しては**第 13 章**、実施計画書に関しては**第 12 章**で解説する。

## 11.2　予備 PIA の実施

　本報告書は、店舗向け多目的監視カメラシステム基本設計書に対し

PIA 実施の要否を判定するため、予備 PIA を実施し、その結果をまとめたものである。

## 11.3　対象企業／システム名

本評価の対象となるシステムは、店舗向け多目的監視カメラシステム（文書管理番号：20160629-011_03）である。

## 11.4　評価組織

本予備 PIA の評価実施者は、公立大学法人首都大学東京産業技術大学院大学である。評価責任者は○○、評価実施は○○が対応した。

## 11.5　評価実施期間

本予備 PIA の実施期間は 7 日である。

・20○○年○月○日～20○○年○月○日

## 11.6　予備評価の目的

### 11.6.1　目的

PIA の実施は、**図 11.1** に示すようにまず予備評価を実施し、PIA の対象かどうかを判断する。予備評価では、対象システムについて、利用者のプライバシー保護を目的とした PIA を実施する必要があるかを評価する。

予備評価の目的は、実施の要否を判定したうえで、PIA 実施計画書（プロジェクト計画書）を作成するうえでの、作業スケジュール、必要な人材を明確化するために実施する。

### 11.6.2　評価根拠となる資料

**表 11.1** に示す資料を評価根拠とし、予備評価を行った。

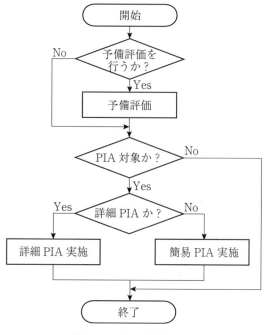

**図 11.1 PIA 実施フロー**

**表 11.1 予備評価根拠資料一覧**

| 基本設計書 | 20160629-011_03 |
|---|---|
| 運用管理規程 | 相模原市「防犯カメラの設置及び運用に関するガイドライン」（参考として参照） |

## 11.7 対象システムの概要

### 11.7.1 概要

　表 11.2 に対象システムの範囲、機能、システムの利用者、レコード数の概要を示す。

### 11.7.2 システムの目的

　店舗向け多目的監視カメラシステムとは、各店舗と管理センターを結

第3部　店舗向け多目的監視カメラシステムのPIA実施事例

表 11.2 システムの概要

| No. | 項目 | 内容 |
|---|---|---|
| 1 | 対象システム範囲 | 「店舗向け多目的監視カメラシステム」(図 11.2 「システム構成図」参照) |
| 2 | 機能 | • マーケティング(来訪者検出):店内に設置したカメラで来訪者を検出し、顔画像を収集する。<br>• マーケティング(統計データ解析):年齢、性別等のデータを抽出しマーケティングに必要な統計データを算出する。<br>• 防災(群衆行動解析):人の集まりを群衆のままに捉える画像解析技術。人数、移動方向等を計測する。また、喧嘩等もめている行動も抽出する。<br>• 防犯(実行者登録):万引きの実行者(容疑者)を登録(氏名、住所、年齢、性別、職業、顔画像および特徴データ等)する。これは要配慮個人情報に相当する。<br>• 防犯(容疑者照会):撮影された画像と登録した特徴データと照合する。<br>• 通知・登録:店内を巡回する店員(保安員)のスマートフォンに、万引き常習者の来訪を知らせるメールを送信(画像とアラーム)する。マーケティングに必要な統計データを店舗や運営会社に報告する。また店舗に何人、どこにいるか、災害必要時に店舗や運営会社に報告する。 |
| 3 | システム利用者 | 店舗責任者、店員(保安員)、システム管理者 |
| 4 | レコード数 | 企画段階であるため、未定である。 |

ぶオンラインシステムである。防犯、防災、マーケティング等を目的に各店舗で収集された情報は、管理センターで処理・管理されている。

## 11.7.3 システム構成

図 11.2 にシステム構成を示す。本 PIA の対象となるのは、点線内である。

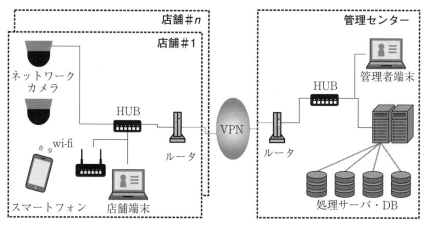

**図 11.2　店舗向け多目的監視カメラシステム構成**

店舗向け多目的監視カメラシステムは以下の特徴を有する。

- 主として、店内設置カメラ、スマートフォン、端末、処理サーバ、各 DB(個人属性、万引き者画像、統計データ、一時保管動画)から構成される。

表 11.3 は各システムの概要を示す。

- 店舗内にいる店員、顧客の顔および位置を計測し、管理センターにデータ通信する。インターネットによる通信は VPN にて秘匿通信する。

- 管理センターで、事前に登録した万引き者の顔特徴量と比較処理し、該当する場合は、顔データと個人属性データなどを店舗の保安員のスマートフォンおよび店舗の管理職(店舗責任者)にアラーム通知される。管理センターに保管されている万引き者などの画像を店舗から要求された時点で、画像入りリストをダウンロードできる機能も提供する。

- 店舗内で万引き等の不正行為された場合、本人の同意を得て、管理センターのデータベースに氏名、顔データ、特徴量データを登

## 表11.3　店舗向け多目的監視カメラシステムの構成表

| 主な機能 | 主たる機能 | 取り扱う個人情報例 |
|---|---|---|
| 店内設置カメラ | ・店舗に来店したすべての顧客の映像および店舗内の映像情報を管理センターに送信する。 | ・店舗を訪れたすべての顧客の映像情報 |
| スマートフォン | ・管理センターからの情報提供を受ける専用端末。 | ・万引き者の氏名、住所、年齢、性別、職業等の情報<br>・万引き者の顔画像情報 |
| 端末 | ・各店舗に設置された店長用の端末。管理センターからの情報提供を受ける。<br>・また管理センター内システム管理者用の端末がある。 | ・万引き者の氏名、住所、年齢、性別、職業等の情報<br>・万引き者の顔画像情報 |
| 処理サーバ | ・店内設置カメラより送信された映像を受け取り、画像DBの登録情報との比較を行う。<br>・店内設置カメラより送信された映像を受け取り、適切な処理を行い、統計データDBに登録する。<br>・店内設置カメラより送信された映像を受け取り、動画DBに登録する。<br>・過去に万引き行為を行った顧客が来店した場合、個人属性DBと画像DBに登録されている情報を加工し、店舗責任者および店員の所有するスマートフォンにメール送信する。<br>・店舗責任者等から要求があった場合、登録情報のダウンロード機能を提供する。 | ・店舗を訪れたすべての顧客の映像情報<br>・万引き者の氏名、住所、年齢、性別、職業等の情報<br>・万引き者の顔画像情報<br>・店舗を訪れたすべての顧客の年齢、性別等の統計情報 |
| 個人属性DB | ・万引き行為を行った顧客の氏名、住所、年齢、性別、職業等の情報を保存する。<br>・登録情報は1年間犯罪行為を行わなければ削除される。 | ・万引き者の氏名、住所、年齢、性別、職業等の情報 |
| 万引き者画像DB | ・万引き行為を行った顧客の顔画像を保存する。<br>・登録情報は1年間犯罪行為を行わなければ削除される。 | ・万引き者の顔画像情報 |
| 統計データDB | ・店舗を訪れたすべての顧客の年齢、性別等の統計データを保存する。<br>・保存期間は定めていない。 | ・店舗を訪れたすべての顧客の年齢、性別等の統計情報 |
| 一時保管動画DB | ・店内設置カメラより送信されたすべての映像を保存する。<br>・撮影データには1日分の撮影データ保管し、1日保管した後、上書きされる。 | ・店舗を訪れたすべての顧客の映像情報 |

録する。なお、データの削除は、1年間同一者が犯罪行為を犯さなかった場合、自動的に消去する機能も提供する。

- 管理センター内システムでは、マーケティングに必要な情報(年齢、性別、日時)を抽出し統計データ処理を行う。
- 「店舗のどこに何人の顧客および従業員がいるか」、「動きの方向はどちらかなどの災害時に必要なデータをリアルタイムで把握し、店舗および運用会社に適宜通知する。
- 万引き者のアラームは、万引き者が入店時に通知する。マーケティングデータは、契約内容に従い、オンラインあるいはオフラインで報告する。
- 災害に関する情報は、指定された担当者および管理職の指示に従いリアルタイムで通知する。

## 11.7.4　情報フロー

店舗向け多目的監視カメラシステムでは、個人情報(顔画像、氏名、住所、年齢、性別、職業等)と店舗における万引き行為そのものの情報を取り扱っており、それらの情報の一部には個人を識別可能な情報が含まれていることが判明している。

## 11.7.5　ステークホルダ分析

店舗向け多目的監視カメラシステムの利用者は以下のとおりである。利用目的、利用する個人情報、役割を明記する。

① 店舗利用者(顧客)
- 利用目的：利用しない
- 役割：被撮影者。映像情報と統計情報を提供
- 利用する個人情報：利用しない

② 万引き者(含む未成年)

- 利用目的：利用しない
- 役割：データ(提供)主体。映像情報と統計情報の他に、氏名、住所、年齢、性別、職業等の情報を提供
- 利用する個人情報：利用しない

③ 保護者
- 利用目的：利用しない
- 役割：万引き者が未成年であった場合の保護責任者
- 利用する個人情報：利用しない

④ 店員
- 利用目的：利用しない
- 役割：レジや商品補充業務等
- 利用する個人情報：利用しない

⑤ 保安員
- 利用目的：万引き行為の監視や被害防止活動
- 役割：店舗の店員であり、店内保安業務等を担当
- 利用する個人情報：システムから送信される万引き者情報(画像、氏名等)

⑥ 店長(店舗の管理職)
- 利用目的：万引き者の情報登録、問題行動動画の確認
- 役割：店舗全般の運営管理業務等
- 利用する個人情報：システムから送信される万引き犯情報(画像、氏名等)

⑦ 管理センターシステム管理者
- 利用目的：万引き者の情報登録、問題行動動画の確認
- 役割：センター内で取り扱われる個人情報の管理業務や、センター内機器および各店舗に配布する端末等の管理業務等
- 利用する個人情報：利用しない

# 11.8　予備 PIA の実施方法
## 11.8.1　適用範囲

PIA の対象システムは、11.7 節で明示したとおりである。

## 11.8.2　評価方法

予備 PIA は、11.6.2 項（評価根拠となる資料）に記載の資料に基づき、実施した。予備 PIA 評価シートは、個人情報の保護に関する法律を基準とする。

# 11.9　予備 PIA の実施結果
## 11.9.1　評価結果

評価対象システムに対しては予備評価を実施した結果、本システムでは、各店舗を来訪した顧客の映像情報および要配慮個人情報を管理し、複数のシステム利用者にネットワークを介して提供している。また群衆行動解析等の新技術を導入していることから、詳細 PIA の実施対象に該当すると判断する。理由を以下に記す。

## 11.9.2　評価の詳細

付録の予備 PIA 評価シート（評価項目 14 項目）をもとに対象システムに関して以下の事実を確認した。

① 対象システムでは、店舗来店時および店内在店中の映像情報と万引き者の個人情報（顔画像、氏名、住所、年齢、性別、職業等）および要配慮情報（その店舗での犯罪歴）を取り扱う。

② 導入を検討しているシステムは利用実績のない群衆行動解析等の新技術を使用する。

③ 管理センターは、将来クラウド化を検討している。

これらの事実より評価を行った結果、明らかとなったプライバシー保

第 3 部　店舗向け多目的監視カメラシステムの P－I－A 実施事例

護に関するリスクは以下のとおりである。

- 対象システムでは、万引き者の個人情報と個人情報保護法第 2 条第 3 項で規定する要配慮個人情報を取り扱うことから、当該情報が漏えいした場合は、管理責任を問われ、信用の失墜、損害賠償などの経営リスクが発生する可能性がある。
- 導入を検討しているシステムは利用実績のない群衆行動解析等の新技術を使用するため、未知の脅威、脆弱性が内在している可能性がある。
- 現状システムはオンプレミスで構築するが、将来的にクラウド化を検討しており、クラウド化に伴う顧客映像情報および万引き者の個人情報、要配慮個人情報の取扱いについて考慮する必要がある。

## 11.10　本評価の実施

### （1）　体制

図 11.3 に評価実施チームの体制を示す。

評価組織は大学であり、中立専門的な組織である。また、対応する専門家は、プライバシーリスク評価の専門家、システムの専門家、法律の専門家より構成される。監視カメラの専門的な技量は○○協会の委員会より支援を受ける。

### （2）　作業量

実施に当たる作業量は、産業技術大学院大学で実施した実績から判断し、350 時間と見積もっている（参考資料 PIA 20160629-001）。

## 11.11　総括

店舗向け多目的監視カメラシステムは要配慮個人情報を含む個人を特

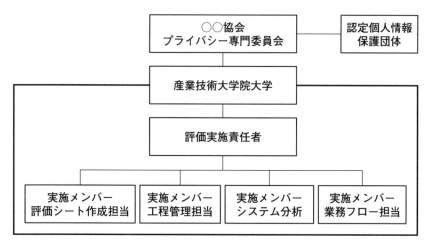

図11.3 評価実施チーム体制

定可能な個人情報を扱う。このため、詳細PIAの実施が必要と判断する。詳細PIAの実施に必要な期間は、**図11.3**に示す体制で350時間と見積もった。

**参考文献**

[1] 警察庁:「街頭防犯カメラ整備・運用の手引き(案)」(https://www.npa.go.jp/safetylife/seianki8/7th_siryou_3.pdf)

[2] 東京都:「東京都が設置する防犯カメラの運用に関する要綱」(http://www.bouhan.metro.tokyo.jp/paper/guide/t06_02.pdf)

[3] 日本防犯設備協会:「防犯カメラ管理規定(例)」(http://www.manboukikou.jp/pdf/situation204.pdf)

[4] 相模原市:「相模原市防犯カメラの設置及び運用に関するガイドライン」(http://www.city.sagamihara.kanagawa.jp/dbps_data/_material_/_files/000/000/033/530/guideline.pdf)

[5] 瀬戸PBL:「PIAの実施計画店舗向け多目的監視カメラシステム基本設計」(文書番号:20160629-011_03、2016)

[6] 瀬戸PBL:「プライバシー影響評価フレームワーク、認定個人情報保護団体の組織化およびコストに関する調査分析」(文書番号:20160629-001、2016)

**付録**

［A1］　A_ 予備 PIA 評価シート（文書登録番号：A_ 予備 PIA 評価シート _20160709-001）

注）　参考文献、付録に掲載した資料は例として示した。

# 第12章
# PIA 実施計画書

## 12.1　はじめに

　本計画書は、店舗向け多目的監視カメラシステムに対して実施する、PIA のプロジェクト計画を記した実施計画書である。

## 12.2　プロジェクト定義
### 12.2.1　プロジェクトテーマ

　本プロジェクトは、店舗向け多目的監視カメラシステムの基本設計書に対する PIA をテーマとする。

### 12.2.2　プロジェクト目的および実施範囲

　本プロジェクトの目的は、店舗向け多目的監視カメラシステムの基本設計書を対象に PIA を実施することで、個人情報への影響をシステム設計者・導入事業者をはじめとするさまざまなステークホルダと共有し、事前にプライバシーリスクの軽減を図ることである。

　本プロジェクトが成果物とする PIA 報告書は、基本設計書へのフィードバック資料であり、詳細設計書に反映することを前提に作成するものである。実際のシステム導入に際し、詳細設計段階でも改めて PIA を実施することを期待する。

### 12.2.3　対象期間

　本プロジェクトの実施期間は下記のとおりとする。

・20○○年○月○日(月)～20○○年○月○日(水)

ただし、影響評価は20＊＊年＊月＊日(＊)までに完成予定である。

### 12.2.4 実施手順および評価基準

PIA の実施に当たって、下記のように手順および評価基準を定める。

### (1) 実施手順

「プライバシー影響評価マニュアル」(文書番号：A_ 汎用化 _PIA マニュアル _20151231_00)および「評価シート作成マニュアル」(文書番号：評価シート作成マニュアル _20160212_00)の手順に従う。当該マニュアルならびにハンドブックは、PIA の国際標準規格である ISO 22307 および ISO/IEC 29134 に準拠し作成されたものである。

### (2) 評価基準

評価基準は、適用法令および規格をもとに、PIA の実施において作成した評価シートを使用する。評価基準の規格は ISO/IEC 29100(JIS X 9250)準拠とする。適用法令に関しては、別途、評価依頼者と評価チームで合意したうえで、PIA 報告書で定める。

## 12.3 成果物

本プロジェクトの成果物は以下のとおりである。

① PIA 実施計画書
② システム分析・リスク分析書
③ データフロー分析・リスク分析書
④ PIA 評価シート
⑤ PIA 報告書

## 12.4　プロジェクト体制

本 PIA を実施する産業技術大学院大学のメンバーの役割と専門性は表 12.1 のとおりである。

表 12.1　PIA プロジェクト実施チーム

| 氏名 | 役割と専門性 |
|---|---|
| ○○○○ | • PIA 評価実施責任者<br>　プライバシーリスク管理、情報セキュリティマネジメント、システム監査 |
| ○○○○ | コンプライアンス、評価シート担当 |
| ○○○○ | システム開発、業務フローリスク分析担当 |
| ○○○○ | 情報セキュリティ・リスクマネジメント、業務分析担当 |
| ○○○○ | システム開発、業務フローリスク分析担当 |
| ○○○○ | プロジェクトマネジメント担当 |

PIA 報告書の公開は義務ではないが、利用者の理解を得る際に有用な資料となる。PIA 報告書の公開について、最終報告書が完成するまでに組織としての方針を決めておく必要がある。

図 12.1 にプロジェクト体制図を示す。

## 12.5　スケジュール

スケジュールは、図 12.2 のとおりである。

- ＊月＊日までに影響評価が完了する。
- ＊月上旬に PIA 報告書の初版が完成する。
- ＊月下旬に PIA 報告書の完成版が完成する。

詳細な日程については、別途調整を行う。また、打ち合わせやメールによりコミュニケーションを図る。

第3部　店舗向け多目的監視カメラシステムの P I A 実施事例

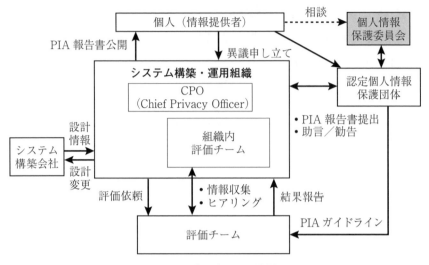

**図 12.1　プロジェクト体制図**

| タイトル | 開始日 | 完了日 | 20**年 | | | |
|---|---|---|---|---|---|---|
| | | | ○月 | ○+1 月 | ○+2 月 | ○+3 月 |
| カメラシステム PIA | ****/**/** | ****/**/** | ◄————————————————————————————► | | | |
| 実施計画書 | ****/**/** | ****/**/** | ◄——► | | | |
| 予備評価 | ****/**/** | ****/**/** | ◄——► | | | |
| システム分析 | ****/**/** | ****/**/** | ◄—► | | | |
| システムリスク分析 | ****/**/** | ****/**/** | | ◄—► | | |
| データフロー分析 | ****/**/** | ****/**/** | ◄—► | | | |
| データフローリスク分析 | ****/**/** | ****/**/** | | ◄—► | | |
| 評価シート作成 | ****/**/** | ****/**/** | ◄————► | | | |
| 影響評価 | ****/**/** | ****/**/** | | | | ◄——► |
| 報告書作成 | ****/**/** | ****/**/** | | | ◄———► | |
| ステークホルダ協議 | ****/**/** | ****/**/** | | | ◄————► | |
| 公開 | ****/**/** | ****/**/** | | | | ▲ |

**図 12.2　プロジェクトスケジュール**

## 12.6　要員計画

　プロジェクトを効率的に推進するために、責任、役割、担当をスキル
に応じて、以下のとおり要員計画を行う。

　評価チームの専門性は**表 12.1** に示したとおりである。

　PIA 実施に関する全工程を、**12.4** 節に示した PIA プロジェクト実施
チームが、依頼元の PIA 対応チームおよびチーフプライバシーオフィ

サーと連携して実施する。チームメンバーの変更があった場合は、速や
かにプロジェクトチームに公表する。

## 12.7　課題管理

　課題が発見された場合は、速やかにメーリングリストを通じて共有
し、必要に応じてアクションアイテムとしてドキュメントに反映する。
また、**12.4節**に示す担当者を通じ、**12.8節**に定めるドキュメント共有
手法により、情報の共有を行う。

## 12.8　ドキュメント管理

　入手資料の適切な保護と管理のため、以下の規程を定める。また、機
密情報を含む作成資料の取扱いについても、以下の規程に従う。

### （1）　入手機密文書管理の手順

　提供を受けた非公開の資料については、以下の事項に注意し対応す
る。

- 特に注意を要する文書については、その取扱いレベルに関し実施
  責任者の指定を受ける。取扱いに注意を要す旨の指定を受けた資
  料に関しては、取扱注意資料とし、守秘義務を遵守する。
- 取扱注意資料は、**表12.1**に記すPIA評価実施責任者の管理下
  で、プロジェクトマネージャーが保管する。
- 資料の学外への持ち出しについては、持ち出し管理表に記入し、
  履歴を記録する。

### （2）　入手資料の追加、変更、削除に関する手順

- 資料の入手時に通常資料または取扱注意資料に分類する。
- 取扱注意資料に分類されたものは、採番し保管期限を定め管理表

に登録する。

- 管理表に登録された資料の複写を行ったときは、別途保管期限を定め管理表に登録する。
- 廃棄等によって入手資料に変更が生じた場合は、更新する。

## (3)　資料の保管と持ち出しに関する手順

- 紙媒体で入手した資料は、学内のロッカーにて施錠保管する。
- 紙媒体、電子媒体を問わず、保管期限に達したものは確実に廃棄を行う。
- 学外への持ち出しは、持ち出し管理表に記載を行い、履歴を管理する。
- 学外へ移管および公開する必要が生じた資料は、PIA 評価実施責任者の承認・許可を得る。

## (4)　入手資料の管理者

入手した資料の管理者は、PIA 評価実施責任者とする。

## (5)　文書番号付与規程

適正な資料管理を行うため、本プロジェクトで取り扱う資料について、文書番号を付与する。文書番号の付与は、**表 12.2** の規則によって行う。

　　【付与方法】『A_YYYYMMDD ドキュメント番号 _ 版数』とする。
　　　　　　　例）　A_20160701 ファイル名 _01

## (6)　変更管理

PIA 評価実施チームが管理する文書に関する変更は、次の手順による。

**表 12.2　文書番号付与規則**

| YYYYMMDD | 例）　2016 年 7 月 1 日作成、または更新　⇒ 20160701 |
|---|---|
| 版数 | 版数は「01 〜 99」とする。<br>版数は初版を「01」とし、以降変更があった際に +1 とする。<br>更新した日付が変わった時点で「01」にリセットする。 |

　担当者が変更要求書を起票し、プロジェクトマネージャの確認、PIA
評価実施責任者の承認を得た後に、変更を実施する。

## (7)　その他

　本プロジェクトを通して得られた教育研究的な見解は、産業技術大学
院大学にて、学会などで発表する。発表に当たり、参考資料提供者の非
公開資料に関わる事項があれば、事前に資料提供者に対し、公開の許可
を得る。

第 3 部　店舗向け多目的監視カメラシステムの P I A 実施事例

# 第13章
# 評価シートの作成

## 13.1　はじめに

　本報告書では、店舗向け多目的監視カメラシステムの PIA を実施するためのリスク評価基準を作成する。リスク評価基準は、チェック形式の評価シートとして作成する。

## 13.2　遵守すべき法やガイドラインの特定

　評価シート作成には、評価シート作成マニュアルに従い作成した[1]。

　表 13.1 に示す評価対象システムが遵守すべき法やガイドラインを特定し、システムに対する要求事項を抽出して作成した[A1][A2]。

表 13.1　法・ガイドライン

| 文書区分 | | 文書名称 |
|---|---|---|
| 組織外 | 法令、規格ガイドライン契約SLAなど | 個人情報の保護に関する法律(平成 27 年 9 月 9 日法律第 65 号) |
| | | 個人情報の保護に関する法律についての経済産業分野を対象とするガイドライン(経済産業省) |
| | | 民間の防犯カメラの設置及び利用に関する留意事項(新潟県) |
| | | 東京都が設置する防犯カメラの運用に関する要綱(東京都) |
| | | 防犯カメラ管理既定(例)(日本防犯システム協会) |
| | | 防犯カメラの設置及び運用に関するガイドライン(相模原市) |
| | | IoT セキュリティガイドライン(総務省・経済産業省) |

表 13.1　つづき

| 文書区分 | | 文書名称 |
|---|---|---|
| | | ASP・SaaS における情報セキュリティ対策ガイドライン(総務省) |
| 組織内 | 就業規則 プライバシーポリシー など | 就業規則、個人情報取扱規程、プライバシーポリシー |

## 13.3　手順

### 13.3.1　規程文書の識別

① 　評価チームは、PIA の評価基準として使用する参照規程文書を、内部規程文書(社内規程、契約書)と外部規程文書(法令や規格、ガイドライン)に分けて収集する。

② 　入手文書より評価項目作成に必要な情報を特定する。特定した参照規程文書をリスト化し、実施依頼組織に対し、評価基準とすることを説明する。**表 13.2** に外部参照規程文書の例を示す。

③ 　評価シートを参照規程文書から導出した個人情報に関連した要求事項を評価項目として一覧にし、チェックリスト形式にまとめる。分類は ISO/IEC 29100：2011(プライバシー原則)に従った[2]。

**表 13.2　評価シート作成のためのコンプラインス事項**

引用優先度◎：再重要、○：重要、△：参照する部分もあり、×：今回は参照せず。

| 名称 | 発行／改訂年月 | 発行機関 | 引用優先度 | 備考 |
|---|---|---|---|---|
| 個人情報の保護に関する法律 | 2015 年 9 月 | | ◎ | 共通 |
| 個人情報の保護に関する法律についての経済産業分野を対象とするガイドライン | 2014 年 12 月 | 経済産業省 | ○ | 共通 |
| JIS Q 15001:2006 をベースにした個人情報保護マネジメントシステム実施のためのガイドライン　第2版 | 2016 年 1 月 | (財)日本情報経済社会推進協会 | ○ | 共通 |

表 13.2　つづき

引用優先度◎：再重要、○：重要、△：参照する部分もあり、×：今回は参照せず。

| 名称 | 発行／改訂年月 | 発行機関 | 引用優先度 | 備考 |
|---|---|---|---|---|
| 民間の防犯カメラの設置及び利用に関する留意事項 | | 新潟県 | △ | カメラ |
| 東京都が設置する防犯カメラの運用に関する要綱 | | 東京都 | △ | カメラ |
| 防犯カメラ管理規定(例) | | 日本防犯システム協会 | △ | カメラ |
| 防犯カメラの設置及び運用に関するガイドライン | | 相模原市 | △ | カメラ |
| IoT セキュリティガイドライン | 2016 年 7 月 | 総務省経済産業省 | △ | |
| 「政府機関の情報セキュリティ対策のための統一管理基準(平成 24 年度版)」解説書 | 2014 年 | 総務省 | △ | |
| 街頭防犯カメラ整備・運用の手引き(案) | 2011 年 3 月 | 警視庁 | × | 4〜7に重複 |

## 13.4　評価シートの内容

　作成した評価シートの項目は以下の**表 13.3** のとおりである(評価シートは**第 14 章**で記載する)。

　なお 11 項目は、**表 13.4** の観点で確認・評価する。

表 13.3　評価項目の分類と項目数

| 大分類 | 内容 | 項目数 |
|---|---|---|
| 1. 同意及び選択 | 選択の機会、本人の同意 | 2 |
| 2. 目的の正当性及び明確化 | 利用目的の特定 | 1 |
| 3. 収集制限 | 個人情報の特定、必要最小限のデータ収集、適正な取得 | 4 |
| 4. データの最小化 | 必要最小限の処理、アクセス制御、データの消去 | 3 |
| 5. 利用、保持、及び開示の制限 | 目的外利用の同意、利用目的の変更、第三者提供の制限 | 2 |

表 13.3 つづき

| 大分類 | 内容 | 項目数 |
|---|---|---|
| 6. 正確性及び品質 | 正確、完全、最新、および利用目的に十分かつ適切であること | 1 |
| 7. 公開、透明性、及び通知 | 個人情報保護方針、保有個人データに関する事項の公表等 | 2 |
| 8. 個人参加及びアクセス | 個人情報の開示、内容の訂正、利用の停止、第三者提供の停止 | 4 |
| 9. 責任 | プライバシー関連ポリシー、苦情処理、救済措置、訓練 | 3 |
| 10. 情報セキュリティ | 安全管理措置、従業者の監督、委託先の監督 | 8 |
| 11. プライバシーコンプライアンス | 法令遵守、監査 | ― |
| | 合計 | 30 |

表 13.4 評価確認項目

| 大分類 | 項目数 | 適合 | 不適合 | 評価不能 | 評価対象外 |
|---|---|---|---|---|---|
| 1. 同意及び選択 | 2 | 1 | 1 | | |
| 2. 目的の正当性及び明確化 | 1 | | | | 1 |
| 3. 収集制限 | 4 | 2 | 2 | | |
| 4. データの最小化 | 3 | 1 | 2 | | |
| 5. 利用、保持、及び開示の制限 | 2 | | | 1 | 1 |
| 6. 正確性及び品質 | 1 | | | 1 | |
| 7. 公開、透明性、及び通知 | 2 | | | 2 | |
| 8. 個人参加及びアクセス | 4 | | | 3 | 1 |
| 9. 責任 | 3 | 2 | | | 1 |
| 10. 情報セキュリティ | 8 | | 2 | 6 | |
| 11. プライバシーコンプライアンス | ― | | ― | ― | |
| 合計 | 30 | 6 | 7 | 13 | 4 |

**参考文献**

［1］　産業技術大学院大学(2016)：「(201601104-01)店舗向け多目的監視カメラシステム評価シート作成マニュアル」

［2］　ISO(2011)：ISO/IEC 29100：2011 *Information technology—Security techniques—Privacy framework*"(http://www.iso.org/iso/iso_catalogue/catalogue_tc/catalogue_detail.htm?csnumber=45123)

**付録**

［A1］　産業技術大学院大学(2016)：「(20161022-00)評価シート作成のためのコンプライアンス表」

［A2］　産業技術大学院大学(2016)：「(20161029-04)店舗向け多目的監視カメラシステム評価シート」

注)　参考文献、付録は例として示した。

第3部　店舗向け多目的監視カメラシステムのPIA実施事例

# 第14章
# 影響評価報告書

## 14.1　はじめに

　本報告書は多目的監視カメラシステムの基本設計書に対して基本設計段階でのプライバシーに関わるリスクを明らかにすることを目的とし、業務フローリスク分析、システムリスク分析の結果をもとに影響評価を行い、評価結果としてまとめたものである[1][2]。

## 14.2　評価の方法と手順
### 14.2.1　手順

　リスク分析は、「双方向ギャップ分析」手法を用いて実施した[2]。この手法は、以下を実施することにより、システム設計におけるリスク対策の適合性と法令や運用規則の整備状況を明確にすることで両者の改善を促す PIA 特有のリスク分析手法である[3][4]。

　　① 　評価シートによる対象システムのリスク対応評価

　　② 　システムリスク分析書および業務フローリスク分析書にて検出したリスクが、法令および規則に反映されているかの制度評価

　以下に実施手順の概要を記述する。

　　1) 　作成した要求事項(評価シートの各評価項目)に対し、対象システムにリスク対策計画の漏れが見つかった場合は、システムに対して技術設計の見直しを促す(図 14.1 の①)。評価シートは、対象システムを構築するうえで、法令やガイドラインなどをもとに作成したチェックリストである。この評価は要求事項への適合性

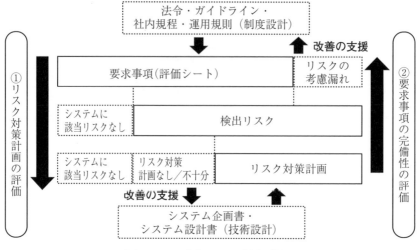

**図14.1　双方向リスク分析の概要**

　を評価することを目的とする（評価シートは付録に添付する）。

2)　システムリスク分析表および業務フローリスク分析表にて識別
　した対象システムのリスクが、評価シートの項目に網羅されてい
　るかどうかを確認し、要求事項におけるリスク検討漏れの可能性
　を評価する（**図14.1**の②）。つまり、新規に構築するシステムに
　対し、設計基準となる法令やガイドラインなどの不備を評価する
　ことを目的とする。

　　これら双方向評価によって、評価基準に対する適合性および法
　令やガイドラインの不備などが明確になる。つまり、PIAの目
　的である法的、技術的、運用的な改善が可能となる。

## 14.2.2　対象資料

評価に使用した対象資料を以下に示す。

・文書番号：20160629-011_03「PIAの実施計画店舗向け多目的監

視カメラシステム基本設計」

- 文書番号：20160916-001「店舗向け多目的監視カメラシステムに関するシステム分析書」
- 文書番号：20161031-001「店舗向け多目的監視カメラシステムに関するシステムリスク分析書」
- 文書番号：20160921-001「店舗向け多目的監視カメラシステム業務フロー分析書」
- 文書番号：20160921-001「店舗向け多目的監視カメラシステム業務フローリスク分析書」
- 文書番号：20161104-001「店舗向け多目的監視カメラシステム評価シート」

### 14.2.3 評価の区分

評価シートを用いたリスク対策計画の評価は、**表14.1**に示す4段階で評価を実施した。また、評価シートに対するシステムリスク分析、業務フローリスク分析による検出リスクの完備性を**表14.2**に示す3段階で評価を実施した。

## 14.3 評価結果

14.2節で述べた手法に基づき、以下の(1)、(2)の手順で評価を実施した。

表14.1 評価区分（リスク対策計画の評価）

| 評価結果 | 区分説明 |
|---|---|
| 適合(○) | 適切な安全管理措置が計画されている |
| 不適合(×) | 安全管理措置が未計画または不十分である |
| 評価不能(△) | 安全管理措置の計画状況が不明である |
| 評価対象外(−) | 対象システムにおいては評価対象外である |

第3部 店舗向け多目的監視カメラシステムのPIA実施事例

表 14.2　評価区分（要求事項の完備性の評価）

| 評価結果 | 区分説明 |
|---|---|
| 重大な不備 | 個人情報保護に関わる重要なコンプライアンスの不備であり、影響が大きい |
| 不備 | 個人情報保護に関わるコンプライアンスの不備であるが、影響が小さい |
| 軽微な不備 | 個人情報保護に関わるコンプライアンスの不備であるが、影響が極めて小さい |

## （1）　リスク対策の適合性の評価

　作成した評価シートの各項目について、「システムリスク分析書」「業務フローリスク分析書」を参照してリスク対策の適合性を評価した。この評価は、**図 14.1** の「①リスク対策計画の評価」に該当する。

　**表 14.3** に評価シートにおける指摘項目数を示す（詳細は評価シートを参照）[A1]。計 30 の評価項目のうち 12 項目を不適合（**表 14.4**）、10 項目を評価不能と評価した。

## （2）　対象システムのリスク分析表による要求事項の完備性の評価

　「システム分析書」「個人情報に関する業務フロー分析書」にて検出されたリスクのうち、評価シートに記述されていない事項を抽出した。図 14.1 の「②要求事項の完備性の評価」に該当する。つまり、現状のガイドラインなどの不備を指摘したものである。

　**表 14.5** に要求事項の不備項目を示す。軽微な不備が 1 件あった。**表 14.6** に軽微な不備の内容を示す。

## （3）　助言事項

　さらに安全性を高めるため、評価シートにおいて評価不能（△）となった項目について、助言事項として表 14.7 に示す。なお、実際の運用状

表 14.3 不適合項目数の一覧

| 大分類 | 項目数 | 適合 | 不適合 | 評価不能 | 評価対象外 |
|---|---|---|---|---|---|
| 1. 同意及び選択 | 2 | 1 | 1 | | |
| 2. 目的の正当性及び明確化 | 1 | | 1 | | |
| 3. 収集制限 | 4 | 1 | 3 | | |
| 4. データの最小化 | 3 | 1 | 2 | | |
| 5. 利用、保持、及び開示の制限 | 2 | | | 1 | 1 |
| 6. 正確性及び品質 | 1 | | 1 | | |
| 7. 公開、透明性、及び通知 | 2 | | | 2 | |
| 8. 個人参加及びアクセス | 4 | | | 3 | 1 |
| 9. 責任 | 3 | 2 | | 1 | |
| 10. 情報セキュリティ | 8 | 1 | 4 | 3 | |
| 11. プライバシーコンプライアンス | − | | − | − | |
| 合計 | 30 | 6 | 12 | 10 | 2 |

表 14.4 不適合項目の一覧(一部)

| 評価項目 | 指摘事項 | 要求事項 |
|---|---|---|
| 同意及び選択<br>2-1<br>利用目的の特定 | 査閲資料からはカメラの設置目的の適切な表示が行われていることが確認できない。評価対象システムは、一般通念上の防犯カメラの用途とは異なるため、適切な表示を行わない場合、目的外利用に当たる可能性がある。 | カメラの設置目的、および取得する個人情報とその利用目的を明記する。 |
| 収集制限<br>3-1<br>必要最小限の<br>データ収集① | 査閲資料からはカメラ設置表示に関する規定、撮影を避ける方法の提示が確認できない。 | カメラが設置されていることを店舗(撮影区域)に立ち入る前にわかりやすく表示すべきである。 |
| 収集制限<br>3-1 | 査閲資料「業務フローリスク分析書」によると再来店時の通知を目的とする | 取得する個人情報の取扱は利用目的達成に必要最 |

表14.4　つづき1

| 評価項目 | 指摘事項 | 要求事項 |
|---|---|---|
| 必要最低限の データ収集② | のであれば、取得する万引き者の個人情報のうち、住所および職業は不要である。また、カメラの設置において、店舗外の映像など、不要な映像が撮影されないような設置規程が明確ではない。 | 小限のものとすべきである。また、店舗外の映像など、不要な映像が撮影されないようにすべきである。 |
| 収集制限 3-3 要配慮個人情報 | 査閲資料「業務フローリスク分析書」によると、撮影する映像には商品が映り込む可能性があり、商品によっては要配慮個人情報を取得する脅威があるが、適切な撮影範囲や解像度の設定または PET 技術の適用が行われていない。 | 適切な撮影範囲や解像度の設定または PET 技術の利用を検討する。 |
| データの最小化 4-2 アクセス制御 | 査閲資料「業務リスク分析書」によるとデータセンター内でのアクセス制限は定義されているが、店舗従業員のアクセス制御方法が不明確である。 | 個人情報にアクセスできる店舗従業員を限定すべきである。 |
| データの最小化 4-3 データの消去 | 査閲資料「業務リスク分析書」によると撮影画像は 1 日おきに上書き保存としているが、スマートフォン内のデータについては削除有無が確認できない。 | 万引き者来店時の通知メールに含まれる個人情報が店員のスマートフォンに長期間残るため、一定期間後の自動削除機能を実装すべきである。 |
| 正確性及び品質 6-1 正確、完全、最新、および利用の目的に十分かつ適切であることを確実にする | 査閲資料「業務リスク分析書」によると、要配慮情報の取得に当たり、同意や本人確認がシステム的に行われていないため、なりすましや、同意のない登録が行われてしまう可能性がある。 | 個人データを正確かつ最新の内容に保つよう次に挙げる事項を満たす仕組みを備えるべきである。<br>① 入手時の照合<br>② 確認の手続きの整備<br>③ 誤りなどを発見した場合の訂正等の手続き<br>④ 記録事項の更新<br>⑤ 保存期間の設定 |

表14.4 つづき2

| 評価項目 | 指摘事項 | 要求事項 |
|---|---|---|
| **情報セキュリティ**<br>10-4<br>安全管理措置<br>(技術的安全管理措置)③ | 評価対象システムの選定と購入に際し、適切なセキュリティ要件を実装した製品を選定する規程がない。 | セキュリティ要件を考慮した製品選定基準を策定すべきである。 |
| **情報セキュリティ**<br>10-5<br>システム関係者の管理 | 委託先選定の選定基準が確認できない。 | 委託先選定の基準を策定すべきである。 |

表14.5 要求事項の不備項目数の一覧

| 大分類 | 項目数 | 重大な不備 | 不備 | 軽微な不備 |
|---|---|---|---|---|
| 1. 同意及び選択 | 1 | | | 1 |
| 2. 目的の正当性及び明確化 | | | | |
| 3. 収集制限 | | | | |
| 4. データの最小化 | | | | |
| 5. 利用、保持、及び開示の制限 | | | | |
| 6. 正確性及び品質 | | | | |
| 7. 公開、透明性、及び通知 | | | | |
| 8. 個人参加及びアクセス | | | | |
| 9. 責任 | | | | |
| 10. 情報セキュリティ | | | | |
| 11. プライバシーコンプライアンス | | | | |
| 合計 | 1 | | | 1 |

第3部 店舗向け多目的監視カメラシステムのPIA実施事例

表 14.6　要求事項の不備の一覧

| 評価項目 | 指摘事項 | 推奨・要求事項 |
|---|---|---|
| **システムリスク分析 (9)** LAN ボード、モデム、ハードウェアなどの故障で、通信不可 | 本件は軽微な不備に相当する。管理センターは 24 時間稼働するように運営されるという記述があり、適切な対応はされていると思われるが、設計書には明記していない。 | (推奨事項) 機器故障により情報の毀損・滅失またはセキュリティ機能が無効化しないよう対策を実施すべきである。 |

表 14.7　助言項目の一覧(一部)

| 評価項目 | 指摘事項 | 推奨事項 |
|---|---|---|
| 1-1 選択の機会 | カメラ設置に関する規程がなく、撮影を避ける方法が提示されていない。 | カメラが設置されていることを店舗や撮影区域に立ち入る前にわかりやすく表示することを推奨する。 |
| 5-1 目的外利用の同意 | 評価対象システムにて、個人情報の取得・利用目的を超えて利用する場合、本人の同意を得る手続き、手順について、明示的な規程文書は提示されていない。 | 評価対象システムではプライバシーマークを取得済みであるが、本人からの同意取得後、本人に連絡を取る手続きに関する規程の確認を推奨する。 |
| 7-1 個人情報保護方針 | 個人情報保護方針を定め文書化しているか明示的な規程文書は提示されていない。 | 評価対象システムではプライバシーマークを取得済みであるが、個人情報保護方針の確認を推奨する。 |
| 7-2 保有個人データに関する事項の公表等 | 保有個人データに関する事項の公表を、本人の知り得る状態に置いているか、明示的な規程文書は提示されていない。 | 評価対象システムではプライバシーマークを取得済みであるが、保有個人データに関する事項の本人への通知について、規程の確認を推奨する。 |
| 8-1 個人情報の開示 | 開示対象個人情報に関して、本人からの開示等の求めへの対応に方法を規定しているか。開示対応時の本人確認手順が規定されているか、明示的な規程文書は提示されていない。 | 評価対象システムではプライバシーマークを取得済みであるが、個人情報の開示手続きについて規程の確認を推奨する。 |

表14.7 つづき

| 評価項目 | 指摘事項 | 推奨事項 |
|---|---|---|
| 8-2<br>個人情報の内容の訂正 | 個人データの訂正、追加または削除の請求を受けた場合の対応手順が規定されているか、明示的な規程文書は提示されていない。 | 評価対象システムではプライバシーマークを取得済みであるが、個人情報の内容の訂正について手順・規程を確認することを推奨する。 |
| 8-3<br>個人情報の利用の停止 | 個人データの利用停止請求を受けた場合の対応手順が規定されているか、明示的な規程文書は提示されていない。 | 評価対象システムではプライバシーマークを取得済みであるが、個人情報の内容の訂正について規程を確認することを推奨する利用停止請求手順について規程を確認することを推奨する。 |
| 9-1<br>苦情対応・救済措置 | カメラの設置運用に関わる苦情受付の規程がない。 | 評価対象システムではプライバシーマークを取得済みであるため、個人情報に関わる苦情窓口は存在すると思われるが、カメラの設置運用に関わる苦情受付の規程を定めることを推奨する。 |
| 10-1<br>安全管理措置（組織的安全管理措置） | 安全管理に対する規程や手順書を整備運用し、その実施状況を確認しているか、明示的な規程文書は提示されていない。 | 評価対象システムではプライバシーマークを取得済みであるが、組織的対策に関わる安全管理規程や手順の整備について確認することを推奨する。 |
| 10-2<br>安全管理措置（人的安全管理措置） | 雇用関係にある従業員（正社員、契約社員、嘱託社員、パート社員、アルバイト社員等）のみならず、取締役、執行役、理事、監査役、監事、派遣社員等も含まれる）に対する、業務上秘密と指定された個人データの非開示契約の締結や教育・訓練等を実施しているか、明示的な規程文書は提示されていない。 | 評価対象システムではプライバシーマークを取得済みであるが、人的安全管理措置に関わる規程を確認することを推奨する。 |
| 10-4<br>安全管理措置（技術的安全管理措置） | 防犯カメラの管理責任者を置いているか、明示的な規程文書は提示されていない。 | カメラの設置に関わる管理責任者を明確にすることを推奨する。 |

態は PIA の範囲外であるが、運用規程はシステム設計時に運用設計書
などで明確にしておく事項であるため PIA の対象となる。詳細設計時
に再度 PIA を実施する際にはこれらの助言項目が明確でない場合は、
不適合となる。

## 14.4　評価結果のまとめ

表 14.8 に指摘・助言件数を示す。

表 14.8　指摘・助言件数

| 項目 | | 件数 |
|---|---|---|
| リスク対策の適合性 | 適合 | 6 |
| | 不適合 | 12 |
| | 評価不能 | 10 |
| | 評価対象外 | 2 |
| 要求事項の完備性 | 重大な不備 | 0 |
| | 不備 | 0 |
| | 軽微な不備 | 1 |
| 助言項目 | ― | 12 |

以下に評価内容を区分別に示す。

### （1）　リスク対策の適合性に関して

個人情報の取得と利用に際して、カメラ設置表示に関する規程がない
ため、利用者がカメラの設置と多目的監視カメラシステムの利用目的を
知らずに撮影されるほか、万引き者の個人情報を取得するに当たり利用
目的を超えた内容まで取得する可能性について指摘できる。

要配慮情報の取扱いについては、撮影する映像には商品が映り込む可
能性があり、商品によっては要配慮個人情報となり得る可能性を考慮す

べきである点、万引き者を登録する機能については、本人確認手段や同意取得の確認がシステム上実装されていない点が指摘できる。

　また、情報セキュリティの観点では、店舗端末のダウンロード機能へのアクセス制御、スマートフォンへ配信されるメールへのアクセス制御が実装されていないことと、スマートフォンに保存されるデータが不必要に長期間にわたって残留すること、店舗において、ダウンロードした万引き者リストの保管と廃棄の取扱いが明確ではないことが指摘できる。

### (2)　要求事項の完備性に関して

　店舗内における物理的機器の故障等による情報の毀損・滅失、またはセキュリティ機能が無効化しないよう対策は実施されているか確認をすべきである。

### (3)　助言項目に関して

　プライバシーマーク取得済みであるため、対策が実施されていることが想定されるが、明示的な規程文書が提示されていない。これらの項目は詳細設計時において再度 PIA を実施した際に確認ができない場合は不適合となる。

## 14.5　総括

　店舗向け多目的監視カメラシステムに対し、30 項目の評価を実施した。評価結果は適合が 6 件、不適合が 12 件、評価不能が 10 件であり、不適合件数が適合件数を上回る結果となった。法令・ガイドライン等への遵守状況が不十分であり、早急な是正が必要であると判断する。

　今回、影響評価を実施した店舗向け多目的監視カメラシステムは基本設計段階にあり、詳細な仕様が確認できない他、組織体制が未整備であ

第3部　店舗向け多目的監視カメラシステムのPIA実施事例

ることがわかった。本システムは来店者を撮影対象とするほか、要配慮情報を取り扱うシステムであるため、早急に組織体制の整備を行うことと併せ、要求仕様において不適合事項への対策を実施することを求める。また、詳細設計時において、再度の PIA を実施することを強く推奨する。

## 参考文献

[1] 瀬戸 PBL(2016):「PIA の実施計画店舗向け多目的監視カメラシステム基本設計」、文書番号：20160629-011_03、瀬戸 PBL、2016 年

[2] 瀬戸洋一(2016):『実践的プライバシーリスク評価技法』、近代科学社、2014 年

[3] 瀬戸 PBL(2016):「店舗向け多目的監視カメラシステムに関するシステムリスク分析書」、文書番号：20160916-001、瀬戸 PBL、2016 年

[4] 瀬戸 PBL(2016):「店舗向け多目的監視カメラシステム業務フローリスク分析書」、文書番号：20160921-001、瀬戸 PBL、2016 年

## 付録

[A1] 「店舗向け多目的監視カメラシステム向け評価シート」、文書番号：20161104-004、瀬戸 PBL、2016 年

## 添付

店舗向け多目的監視カメラシステム向け評価シート(文書番号：20161104_004)

注) 参考文献、付録に掲載した資料は例として示した。

第3部　店舗向け多目的監視カメラシステムのPIA実施事例

添付　店舗向け多目的監視カメラシステム向け評価シート（文書番号：20161104_004）

| 評価 | 区分説明 |
|---|---|
| ○ 適合 | 適切な安全管理措置が計画されている |
| × 不適合 | 安全管理措置が未計画または不十分である |
| △ 評価不能 | 安全管理措置の計画状況が不明である |
| － 評価対象外 | 対象システムにおいては評価対象外である |

| 大項目 | 法律 | 参照規程 | 内容（先生指摘内容） | 評価結果 | 指摘・推奨事項 | 添付資料 | 備考 |
|---|---|---|---|---|---|---|---|
| **同像及び選択** | | | | | | | |
| 1-1 選択の機会 | 個人情報保護法第17条（適正な取得） | 民間の防犯カメラの設置及び利用に関する留意事項（新潟県）（防犯カメラ設置の明示） | 被撮影者に撮影していることを知らせているか。また、設置区域に入らないという選択の機会を与えているか | △ | カメラが設置されていることを店舗（撮影区域）に立ち入る前にわかりやすく表示する。 | | |
| 1-2 本人の同意 | 個人情報保護法第16条（利用目的による制限） | 個人情報の保護に関する法律についての経済産業分野を対象とするガイドライン（本人の同意） | | ○ | 査問資料によると、同意書による本人の同意を取得している。また、未成年者に対しては保護者の同意を必要としている。 | PIAの実施計画店舗向けビデオオシステム基本設計書 | |
| **目的の正当性及び明確化** | | | | | | | |
| 2-1 利用目的の特定 | 個人情報保護法第15条（利用目的の特定） | 個人情報の保護に関する法律についての経済産業分野を対象とするガイドライン（利用目的の特定） | 利用目的を極力抽象的に、一般的に特定するのではなく、可能な限り具体的に特定しているか。 | △ | カメラの設置目的の表示に関する規程を定め、利用目的をできる限り具体的に特定する。 | | |
| **収集制限** | | | | | | | |
| 3-1 必要最低限のデータ収集 | 個人情報保護法第16条（利用目的による制限） | 防犯カメラの設置及び運用に関するガイドライン（相模原市）（第2章 撮影範囲の限定） | 不必要な画像が撮影されないように撮影範囲を設定しているか。 | × | 店舗外の映像など、不必要な映像が撮影されないようにすることを推奨する | 業務フロー・リスク分析（個人情報報台帳） | |
| 3-2 適正な取得 | 個人情報保護法第15条（利用目的の特定） | JIS Q 15001:2006をベースにした個人情報保護マネジメントシステム実施のためのガイドライン第2版(3.4.2.1 利用目的の特定) | 個人情報の取得は目的達成に必要な限度であるか。 | × | 再来店時の通知を目的とするのであれば、取得する引き込む者の個人情報のうち、取得する住所、氏名、職業は不要である。 | 業務フロー・リスク分析（個人情報報台帳） | |
| 3-3 要配慮個人情報 | 個人情報保護法第17条（適正な取得） | 個人情報保護法第17条（適正な取得） | 不正の手段により個人情報を収集していないか。 | ○ | － | 業務フロー・リスク分析（個人情報報台帳） | |
| | 個人情報保護法第17条（適正な取得） | 個人情報保護法第17条第2項（適正取得） | 要配慮個人情報を取得するに当たり、あらかじめ本人の同意を得ているか | ○ | － | 業務フロー・リスク分析（個人情報報台帳） | |

添付　つづき1

| 大項目 | | 法律 | 参照規程 | 内容（先生指摘内容） | 評価結果 | 指摘・推奨事項 | 参照資料 | 備考 |
|---|---|---|---|---|---|---|---|---|
| データの最小化 | | | | | | | | |
| | 4-1 必要最小限の処理 | 個人情報保護法第16条（利用目的による制限） | 防犯カメラの設置及び運用に関するガイドライン（相模原市）（第2-7 撮影された画像の適正な管理(2)） | 記録した画像の不必要な複製や加工を行っていないか。 | ○ | － | 業務フロー分析書 | |
| | 4-2 アクセス制限 | 個人情報保護法第19条（データ内容の正確性の確保等） | JIS Q 15001：2006をベースにした個人情報保護マネジメントシステムのためのガイドライン 第2版（II. 技術的安全管理措置として講じなければならない事項として望ましい事例の例示） | 個人データにアクセスできる従業者の数を必要最小限にし、従業者に与えるアクセス権限は必要最小限にしているか。 | × データセンター内でのアクセス制限は定義されているが、店舗従業員にまるアクセス制限が不明確である。 | 個人情報にアクセスできる店舗従業員を限定するべきである。 | 業務フロー分析 R-1 | |
| | 4-3 データの消去 | 個人情報保護法第19条（データ内容の正確性の確保等） | 防犯カメラの設置及び運用に関するガイドライン第2 防犯カメラの設置及び運用（第2-7 撮影された画像の適正な管理3.(4)） | 画像の保存期間は、設置目的を達成する範囲内で、必要最小限度の期間（おおむね1ヶ月以内）としているか。また、保存期間を経過した画像は、すみやかに消去しているか。 | × 撮影画像は1日おきに上書きを保存されるデータ方式があるが、方式を保存されるデータ方式があるが、メールに含まれる個人情報が店舗の通知実装、紛失・盗難対応一定期間後の自動削除機能の実装が必要。 | スマートフォンに保存される画像の自動削除機能の実装・盗難対応策機能の実装が必要。 | 業務フロー分析 R-3・R-4 | |
| 利用、保持、及び開示の制限 | | | | | | | | |
| | 5-1 目的外利用の同意、第三者提供、個人情報の共同利用（学術研究利用等） | 個人情報保護法第16条（利用目的による制限） | 個人情報の保護に関する法律についての経済産業分野を対象とするガイドライン（利用目的による制限） | 個人情報の取得・利用目的を越えて利用する場合、本人の同意を得る手続き、手順が定められているか。 | 評価対象システムではプライバシーマークを取得済みであるが、本人からの同意取得は、本人に速やかを得る手続きと同意する規定が少ない。 | 詳細設計時に確認要 | PIAの実施計画書 店舗向け多目的ビデオシステム基本設計書 | |
| | 5-2 利用目的の変更、第三者提供、個人情報の共同利用（学術研究利用等） | 個人情報保護法第23条（第三者提供の制限） | 個人情報の保護に関する法律についての経済産業分野を対象とするガイドライン（第三者への提供） | 本人の同意なく、個人データを第三者に提供していないか。 | 評価対象システムにおいて第三者提供を行わないことから、評価対象外。 | | | |
| 正確性及び品質 | | | | | | | | |
| | 6-1 正確、完全、最新、及び利用の適切であることを確実にする | 個人情報保護法第19条（データ内容の正確性の確保等） | 個人情報の保護に関する法律についての経済産業分野を対象とするガイドライン（データ内容の正確性の確保） | 個人データを正確かつ最新の内容に保つ上に挙げる事項を満たす仕組みが確認できているか。①大手順の場合（②確認の手続き整備、③誤りなどを発見した場合の訂正等の手続き、④記録等の更新、⑤保存期間の設定） | 評価対象システムではプライバシーマークを取得済みであるが、個人データの最新の内容について歪曲資料からは確認ができない。 | 詳細設計時に確認要 | 業務フロー分析 R-3・R-4 | |
| 公開、透明性、及び通知 | | | | | | | | |
| | 7-1 個人情報保護方針 | － | JIS Q 15001：2006をベースにした個人情報保護マネジメントシステムのためのガイドライン 第2版（ステップ1：個人情報保護方針を定めた文書化する） | 個人情報保護方針が定めた文書化している。 | △ 評価対象システムではプライバシーマークを取得済みであるが、明示的な規程文書は提示されていない。 | 詳細設計時に確認要 | PIAの実施計画書 店舗向け多目的ビデオシステム基本設計書 | |

**添付　つづき2**

| 大項目 | 法律 | 参照規程 | 内容（先生相談内容） | 評価結果 | 指摘・推奨事項 | 基閲資料 | 備考 |
|---|---|---|---|---|---|---|---|
| 7-2 保有個人データに関する事項の公表等 | 第27条 保有個人データに関する事項の公表等 | 個人情報の保護に関する法律についての経済産業分野を対象とするガイドライン（保有個人データに関する本人への通知） | 保有個人データに関する事項の公表は、本人の知り得る状態に置いているか。 | 評価対象システムではプライバシーマークを取得済みであるが、明示的な規程文書は提示されていない。 | 詳細設計時に確認要 | PIAの実施計画 店舗向け多目的ビデオシステム基本設計計画書 | |
| **個人参加及びアクセス** | | | | | | | |
| 8-1 個人情報の開示 | 個人情報保護法第28条（開示） | JIS Q 15001:2006 をベースにしたシステム実施のためのガイドライン 第2版（ステップ9：PMSの内部規程を策定する。 | 本人からの開示等の求めへの対応時の本人確認手順が規定されているか。 | 評価対象システムではプライバシーマークを取得済みであるが、明示的な規程文書は提示されていない。△ | 詳細設計時に確認要 | システム分析書 組織的対策 | |
| 8-2 個人情報の内容の訂正 | 個人情報保護法第29条（訂正等） | 個人情報の保護に関する法律についての経済産業分野を対象とするガイドライン（保有個人データの訂正等） | 個人データの訂正、追加または削除の請求を受けた場合の対応手順が規定されているか。 | 評価対象システムではプライバシーマークを取得済みであるが、明示的な規程文書は提示されていない。△ | 詳細設計時に確認要 | システム分析書 組織的対策 | |
| 8-3 個人情報の利用の停止 | 個人情報保護法第30条（利用停止等） | 個人情報の保護に関する法律についての経済産業分野を対象とするガイドライン（利用停止等） | 個人データの利用停止請求を受けた場合の対応手順が規定されているか。 | 評価対象システムではプライバシーマークを取得済みであるが、明示的な規程文書は提示されていない。△ | 詳細設計時に確認要 | システム分析書 組織的対策 | |
| 8-4 第三者提供の停止 | 個人情報保護法第30条（利用停止等） | 個人情報の保護に関する法律についての経済産業分野を対象とするガイドライン（利用停止等） | 第三者提供の停止請求を受けた場合の対応手順が規定されているか。 | 評価対象システムにおいては第三者提供を行わないため、評価対象外。 | - | - | |
| **責任** | | | | | | | |
| 9-1 苦情対応・救済措置 | 個人情報保護法第35条（苦情処理） | 個人情報の保護に関する法律についての経済産業分野を対象とするガイドライン（苦情の処理） | 内部苦情処理及び救済手順が構築されているか。 | 評価対象システムではプライバシーマークを取得済みである。プライバシーマークの規程に従い、苦情および相談担当者を設置し、対応手順が定められている。○ | - | システム分析書 組織的対策 | |
| | | 防犯カメラ管理規程（例）（日本防犯システム協会） | カメラの設置運用に関する苦情を受けた場合に必要な措置を講じる体制が整備されているか。 | カメラの設置運用に関する苦情対応の体制や規程がない。 | カメラの設置運用に関する苦情受付の規程を定める | | |
| 9-2 訓練 | 個人情報保護法第20条（安全管理措置） | 個人情報の保護に関する法律についての経済産業分野を対象とするガイドライン（人的安全管理措置） | 従業者、システム管理者、及び責任者へ定期的に適切な教育を実施しているか。 | センターの設置運用会社は適切なセキュリティ責任者、セキュリティ体制を有する。A社では店舗の店員へのセキュリティ教育を実施している。○ | - | システム分析書 組織的対策 | |
| **情報セキュリティ** | | | | | | | |
| 10-1 安全管理措置（組織的安全管理措置） | 個人情報保護法第20条（安全管理措置） | 個人情報の保護に関する法律についての経済産業分野を対象とするガイドライン（安全管理措置：組織的安全管理措置） | 安全管理に対する規程や手順を整備・運用し、その実施状況を確認しているか。 | 評価対象システムではプライバシーマークを取得済みであるが、明示的な規程文書は提示されていない。△ | 詳細設計時に確認要 | システム分析書 組織的対策 | |

第3部　店舗向け多目的監視カメラシステムのPIA実施事例

添付　つづき3

| 大項目 | 法律 | 参照規程 | 内容（先生指摘内容） | 評価結果 | 指摘・推奨事項 | 参照資料 | 備考 |
|---|---|---|---|---|---|---|---|
| 10-2 安全管理措置（人的安全管理措置） | 個人情報保護法第20条（安全管理措置） | 個人情報の保護に関する法律についての経済産業分野を対象とするガイドライン（安全管理措置・人的安全管理措置） | 雇用関係にある従業員に対する、業務上秘密と指定された個人データの非開示契約の締結的教育・調練等を実施しているか。 | 評価対象システムではプライバシーマークを取得済みであるが、明示的な規程文書は提示されていない。△ | 詳細設計時に確認要 | システム分析書　組織的の対策 | |
| 10-3 安全管理措置（物理的安全管理措置） | 個人情報保護法第20条（安全管理措置） | 個人情報の保護に関する法律についての経済産業分野を対象とするガイドライン（安全管理措置・物理的安全管理措置）防犯カメラの設置及び運用に関するガイドライン（相模原市） | 入退館（室）管理の実施、個人情報の盗難の防止、記録媒体の不必要な複製加工等の措置を講じているか。物理的な安全管理措置として例示する。①入退館（室）管理の実施　②盗難等の防止、③機器・装置等の物理的な保護、④情報記録媒体・情報端末の管理 | 端末の安全管理措置については査閲資料からは確認ができない。× | 詳細設計時に確認要 | システムリスク分析書リスク分析結果 10 | |
| 10-4 安全管理措置（技術的安全管理措置） | 個人情報保護法第20条（安全管理措置） | 個人情報の保護に関する法律についての経済産業分野を対象とするガイドライン（安全管理措置・技術的安全管理措置） | アクセス制御、不正ソフトウェア対策、情報システムの監視等、個人データに対する技術的安全管理措置を実施しているか | ・端末へのアクセス制御　・アクセス権限・ログ　・不正ソフトウェア対策等端末の安全管理措置については対策実施有無を確認できない。 | 詳細設計時に確認要 | システムリスク分析書　リスク分析結果13,14　業務フロー　リスク分析 R-1 | |
| | 個人情報保護法第20条（安全管理措置） | 東京都が設置する防犯カメラの運用に関する要綱（東京都）第4条（管理責任者の責任） | 防犯カメラが設置する防犯カメラの管理責任者を置いているか | 人的、組織的、設備的セキュリティは確保されている旨記載があるが、管理責任者の現状が実施できない。 | カメラ管理責任者を明確にする | システムリスク分析書リスク分析結果 4 | |
| | 個人情報保護法第20条（安全管理措置） | IoTセキュリティガイドライン対策（要点5　つながりで波及するリスクを想定する） | カメラ、複合機等のIoT機器をネットワークに新たに接続する際にセキュリティ対策を実施しているか。具体的な対策事例を以下に挙げる。①不要なインターネット接続の停止、②ファイアウォールの設置、③パスワードの変更 | ネットワーク接続はVPNを利用し、組織はプライバシーマークを取得し通知ガイドライン教育がなされていることから安全管理措置が実施されていると思われるが、明記されていない。 | VPNは信頼性が担保できるものなのか、仕様を確認するべきである。 | システムリスク分析書リスク分析結果 4 | |
| | 個人情報保護法第20条（安全管理措置） | 政府機関の情報セキュリティ対策のための統一管理基準解説書1.5.1.1情報システムのセキュリティ(1)c | 適切なセキュリティ要件を実装し製品を選定するよう規定しているか。 | 根拠規程なし　× | セキュリティ要件を考慮した製品選定基準を策定する | | |
| 10-5 システム関係者の管理 | 個人情報保護法第21条（従業者の監督） | 個人情報の保護に関する法律についての経済産業分野を対象とするガイドライン（従業者の監督） | 従業者に個人データを取扱わせる際に、必要かつ適切な監督を行っているか。 | 委託先選定の選定基準が確認できない。 | 委託先選定の基準を策定する | | |

# 第15章
# PIA 報告書

## 15.1 概要
### 15.1.1 目的

　店舗向け多目的監視カメラシステムは、防犯、防災、マーケティング等を目的に構築するオンラインで結ばれる各店舗と管理センターより構成される。各店舗で収集した情報は管理センターで処理・管理される。事前に個人情報漏えいのリスクの低減を図ることを目的として、店舗向け多目的監視カメラシステムの基本設計書に対して PIA を実施した。

　PIA の実施に当たり、店舗向け多目的監視カメラシステムに関する予備 PIA を実施した[1]。この実施により得られた予備 PIA 報告書によって、以下の2点の理由により、詳細 PIA を実施すべきであるとの結論に至った[A1]。

- 対象システムでは、万引き者の個人情報と個人情報保護法第2条第3項で規定する要配慮個人情報を取り扱うことから、当該情報が漏えいした場合は、顧客に多大な不利益が発生する可能性がある。
- 導入を検討しているシステムは、群衆行動解析等の新技術を使用するため、未知の脅威、脆弱性が内在している可能性が考えられる。

　本報告書は、企画段階における店舗向け多目的監視カメラシステムに関し、「店舗向け多目的監視カメラシステム基本設計書（企画書）」に対して、(一社)○○協会委員会より依頼され産業技術大学院大学瀬戸

PBL が PIA を実施し、その結果をまとめたものである[A2]。

## 15.1.2　実施体制

図 15.1 に実施体制図を示す。

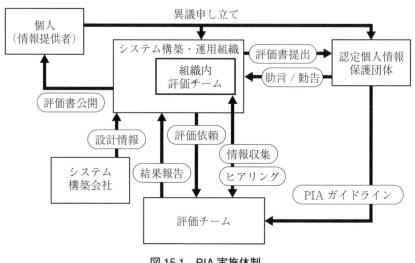

**図 15.1　PIA 実施体制**

## （1）　評価依頼者

評価依頼者（システム構築、運用組織責任者）は、店舗向け多目的監視カメラシステム構築・運用責任者である。本評価は、○○協会次世代ネットワーク型監視カメラのプライバシー保護研究専門委員会事務局を評価依頼者とする。

## （2）　認定個人情報保護団体

個人情報保護委員会と連携し、ガイドラインの発行、個人からの異議申し立ての受理、運用組織への助言勧告を行う。

## （3） 組織内 PIA 評価チーム

システム構築・運用組織は評価チームを立ち上げ人材を配置する。本評価は、次世代ネットワーク型監視カメラのプライバシー保護研究専門委員会を店舗向け多目的監視カメラシステム構築・運用 PIA 対応チームとして以下を実施する。

- PIA 報告書の受理および設計変更をシステム構築会社に指示
- PIA 報告書を認定個人情報保護団体へ提出
- PIA 報告書の公開
- 個人の苦情（意義申し立て）の受理、適正な対応
- 組織内評価チーム（以下、組織内チーム）は外部評価チームへの情報提供
- PIA 評価に対する予算の確保

## （4） PIA 評価チーム

本 PIA の評価実施者は、産業技術大学院大学 瀬戸 PBL チームである。**表 15.1** に評価実施チームの体制を示す。

表 15.1 個人情報影響評価プロジェクト実施チーム

| 氏名 | 役割と専門性 |
|---|---|
| ○○○○ | • PIA 評価実施責任者<br>PIA、プライバシーリスク管理、情報セキュリティマネジメント、システム監査 |
| ○○○○ | コンプライアンス、評価シート担当 |
| ○○○○ | システム開発、業務フローリスク分析担当 |
| ○○○○ | 情報セキュリティ・リスクマネジメント、業務分析担当 |
| ○○○○ | システム開発、業務フローリスク分析担当 |
| ○○○○ | PIA、プロジェクトマネジメント担当 |

第3部 店舗向け多目的監視カメラシステムの P I A 実施事例

### 15.1.3　評価期間

本 PIA の実施期間は、20 ○○年○月○日～20 ○○年○月○日である。

### 15.1.4　評価実施対象

本評価の対象となる組織およびシステムは、店舗向け多目的監視カメラシステム基本設計書(文書管理番号：20160629-011-03)である[A1]。

### (1)　対象システム

店舗向け多目的監視カメラシステムとは各店舗と管理センターとを結ぶオンラインシステムである。防犯、防災、マーケティング等を目的に各店舗で収集された情報は管理センターで処理・管理されている。

図 15.2 に店舗向け多目的監視カメラシステム構成と PIA 対象範囲を示す。点線部分が今回の対象範囲である。

### (2)　対象業務

対象は、PIA 対象システムの店舗向け多目的監視カメラシステムに

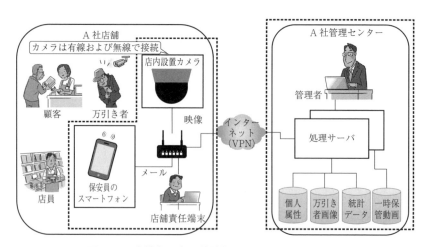

**図 15.2　店舗向け多目的監視カメラシステム概要図**

関連する業務である。個人情報を中心に業務フローを明確化し、リスク分析を実施した。

　システム企画者より提供されたシステム機能、設置・運用条件、処理フローにより、個人情報の流れを詳細に把握し、個人情報フロー分析書を作成した。詳細な業務フロー分析は補足資料を参照する[A3]。

　業務のポイントは以下のとおりである。

① 店舗内にいる店員、顧客の顔および位置を計測し、管理センターにデータ通信する。インターネットによる通信はVPNにて秘匿通信する。

② 管理センターで、事前に登録した万引き者の顔特徴量と比較処理し、該当する場合は、顔データと個人属性データなどを店舗の店員(保安員)のスマートフォンおよび店舗の管理職(店長)にアラーム通知をする(店舗の店員には防犯防災担当の保安員を最低1名配置)。

③ 管理センターに保管されている万引き者などの画像を店舗から要求があった時点で画像入りリストをダウンロードできる機能をもつ。

④ 店舗内で万引きなどの不正行為があった場合、本人の同意を得て管理センターのデータベースに氏名、顔データ、特徴量データを登録する。未成年者の場合は、保護者の許可を得て登録する。本件に関しては別途ガイドラインに準じて処理する。なお、データの削除は、一定の期間(例えば、1年間同一者が犯罪行為を犯さなかった場合)を経た後、自動的に消去する機能をもつ。

⑤ 管理センター内システムでは、マーケティングに必要な情報(年齢、性別、日時)を抽出し統計データ処理を行う。この場合、統計データは国が指定した基準に従った匿名化データである。統計データ抽出に利用した元データは保管しない。

⑥　「店舗のどこに何人の顧客や従業員がいるか」「動きの方向はどちらか」などの災害時に必要なデータをリアルタイムで把握し、店舗および運用会社に適宜通知する。契約内容に従い、オンラインあるいはオフラインで報告する。

⑦　万引き者のアラームは、万引き者が入店時に通知する。マーケティングデータは、契約内容に従い、オンラインあるいはオフラインで報告する。

⑧　災害に関する情報は、指定された担当者および管理職に指示に従いリアルタイムに通知する。

## （3）　適用法令および規格等

本 PIA で使用した法令、規格および規則は以下のとおりである。

①　個人情報の保護に関する法律及び行政手続における特定の個人を識別するための番号の利用等に関する法律の一部を改正する法律（平成 27 年 9 月 3 日成立・同月 9 日公布）

②　JIS Q 15001「個人情報保護マネジメントシステム―要求事項」、日本工業標準調査会、2006 年 5 月

③　東京都「東京都が設置する防犯カメラの運用に関する要綱」、2004 年 3 月（http://www.bouhan.metro.tokyo.jp/paper/guide/t06_02.pdf）

④　日本防犯設備協会「防犯カメラシステムガイド」（http://www.ssaj.or.jp/guidebook/pdf/238.pdf）

⑤　相模原市「防犯カメラの設置及び運用に関するガイドライン」（http://www.city.sagamihara.kanagawa.jp/dbps_data/_material_/_files/000/000/033/530/guideline.pdf）

⑥　警察庁「街頭防犯カメラ整備・運用の手引き（案）」（https://www.npa.go.jp/safetylife/seianki8/7th_siryou_3.pdf）

⑦　新潟県「民間の防犯カメラの設置及び利用に関する留意事項」、2008 年 1 月（http://www.pref.niigata.lg.jp/HTML_Simple/minkancamera.pdf）

## 15.2　対象システムに関するリスク分析

### 15.2.1　システム分析

　PIA 評価チームは、PIA 実施依頼組織から資料の提供を受け、PIA 実施に当たり、以下の観点でシステム分析を行った。

　①　適用範囲の確定

　②　個人情報や情報セキュリティの観点におけるシステムの特徴の明確化

### （1）　分析対象

　図 15.3 は店舗向け多目的監視カメラシステムのシステム構成を示す。分析対象範囲は、図 15.3 に示す点線枠の部分である。

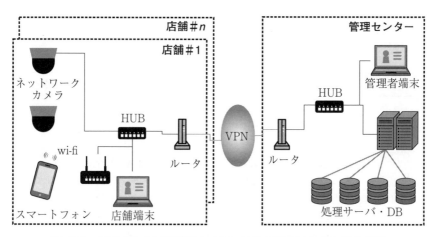

図 15.3　店舗向け多目的監視カメラシステム構成図と PIA 対象範囲

## (2)　システム構成の概要

　店舗向け多目的監視カメラシステムは、店舗システムと管理センターシステムから構成される。店舗システムはカメラとスマートフォンおよび店舗端末からなる。管理センターシステムは管理者端末と処理サーバから構成される。

### (i)　システム機能概要

　評価対象システムをネットワーク、ハードウェア、ソフトウェアに分類して分析した。**表 15.2** に各部門のシステムとその機能の例を示す。

**表 15.2　各部門のシステムとその機能の例**

| No. | システム名 | 使用目的 |
|---|---|---|
| 1 | 店舗システム | 映像取得・通知の受信と処理・リスト閲覧 |
| 2 | 管理センターシステム | 情報処理・マーケティング・防災・防犯・防災・通知・報告 |

### (ii)　ハードウェアとネットワーク構成概要

　**表 15.3** にシステムのハードウェアとネットワークの構成を示す。

**表 15.3　ハードウェアとネットワーク構成**

| | 店舗 | 管理センター |
|---|---|---|
| ハードウェア | NW カメラ、スマートフォン、店舗端末、HUB、ルータ、無線 wi-fi | 管理者端末、処理サーバ、HUB、ルータ |
| ネットワーク | 店舗はカメラとスマートフォンが無線 LAN により接続されている(カメラはインターネットへの有線接続もある。スマートフォンは携帯電話網への接続はない)。 | 管理センターと店舗 は、VPN で接続される |
| | 店舗端末は有線 LAN により接続されている。 | |

（iii） ソフトウェア構成概要

表15.4に管理センター内サーバに実装するソフトウェアの機能を示す。

表15.4 ソフトウェア機能

| 機能 | | 内容 |
|---|---|---|
| マーケティング | 来訪者検出 | • 店内に設置したカメラで来訪者を検出し、顔画像を収集 |
| | 統計データ解析 | • 年齢、性別などのデータを抽出しマーケットに必要な統計データを算出 |
| 防災 | 群衆行動解析 | • 人の集まりを群衆のままに捉える画像解析技術 人数、移動方向などを計測<br>• 喧嘩などもめている行動も抽出 |
| 防犯 | 実行者登録 | • 万引きなど実行者(容疑者)を登録(氏名、住所、年齢、性別、職業、顔画像など) |
| | 容疑者照合 | • 撮影された画像と登録した特徴データと照合 |
| 通知・報告 | | • 店内を巡回する店員のスマートフォンに、万引き常習者の来訪を知らせるメールを送信(画像とアラーム)<br>• マーケティングに必要な統計データを店舗や運営会社に報告<br>• 店舗に何人、どこにいるか、災害必要時に店舗や運営会社に報告 |

## 15.2.2 システムリスク分析の方法

　情報漏えい・情報の改ざんのリスクについて、システムのリスクの発生可能性に関し分析を行った。分析方法は、監視カメラ業界から正式なガイドラインが発行されていないため、主に非形式アプローチを利用し、類似のシステム構成部分に関しては、他の業界から公開されたベースラインを採用した。つまり、非形式アプローチ(潜在的脅威分析アプローチ)とベースラインアプローチを組み合わせる方法を採用した[1]。

## (1)　非形式アプローチ

システムに関して、守るべき資産、脅威、脆弱性を明確にする潜在的脅威などを用いて分析する。脅威分析では、可能性のある脅威(潜在脅威)をすべて抽出する。抽出した潜在脅威に対し、前提条件になる脅威、考慮すべき脅威を分類する。

## (2)　ベースラインアプローチ

ベースラインアプローチには、類似のシステム構成部分に関しては、「AIIT-031-20140119　埼玉病院システム分析書」[A4]に記載のリスク項目について監視カメラに流用可能な項目をベースラインとして採用した。

## 15.2.3　システムリスク分析の結果

リスク分析結果を表15.5に示す。前節の方法により合計14項目の脅威を洗い出した。

表 15.5　リスク分析結果

| 項目 | 項目数 |
|---|---|
| 1.　非形式アプローチ | 5 |
| 2.　ベースラインアプローチ | 9 |
| 合計 | 14 |

非形式アプローチのリスク分析は前節の方法により合計5項目の潜在的脅威を洗い出し、判定を行い、根拠を分析した。分析の詳細については補足資料「店舗向け多目的監視カメラシステムのシステムリスク分析書」[A5]を参照。

ベースラインアプローチは、ベースラインとしたリスク項目に対し、判定を行い根拠を分析した。合計9項目を洗い出した。詳細については

補足資料「店舗向け多目的監視カメラシステムのシステムリスク分析書」[A5]を参照。

システムリスク分析は、非形式アプローチで抽出した脅威および脆弱性とベースラインアプローチのリスクとの関連づけを行い、一つの表で示した。例を表15.6に示す。表15.6中の参照リスク番号は、非形式アプローチの脅威・脆弱性をPT$n$で表し、ベースラインアプローチのリスクをSB$n$で表した。詳細については補足資料「店舗向け多目的監視カメラシステムのリスク分析書」[A5]を参照。

ネットワークカメラ、スマートフォン、処理サーバ、クライアント端末から構成される「店舗向け多目的監視カメラシステム」に対し、ガイドラインに基づくベースラインアプローチおよび潜在的脅威分析による非形式アプローチによるリスク分析を行った。現状は基本設計段階で、

表15.6 リスク分析結果の例

| No. | 脅威 | 脆弱性 | 判定 | リスク | 参照リスク番号 |
|---|---|---|---|---|---|
| 1 | アタッカは管理ツールを利用してDBのデータを不正に参照 | ― | ○ | 該当なし | PT1 SB7 |
| 2 | アタッカは、端末を不正に入手 | プライバシーマークを取得している。従業員のセキュリティ教育を実施している。端末は店舗内に限定されている。 | ○ | 該当なし | PT2 SB5 |
| 3 | 不正入手した端末を用い、DBのデータを参照する | 店舗側では、貸与品などセキュリティ教育が適正に実施されているが、端末が安全管理措置については明記されていない。 | △ | 情報漏えい、改ざん | PT3 |
| ⋮ | ⋮ | ⋮ | ⋮ | ⋮ | ⋮ |

第3部 店舗向け多目的監視カメラシステムのPIA実施事例

詳細な記述はないが、プライバシーマークを取得していること、従業員は適切なセキュリティ社内教育を実施していることから、概ね適切な対応を実施していると判断する。ただし、明記していない事項は詳細設計時点で再度の確認が必要である。

## 15.3　業務フローに関するリスク分析
### 15.3.1　業務フロー分析

業務フロー分析は、店舗向け多目的監視カメラシステムが取り扱う個人情報を対象として、以下の手順で行った[A5]。

① PIA対象システムの設置責任者から提供された概念設計書を基に、業務プロセスにおける個人情報の流れを洗い出し、業務フロー図として作成した。

② 作成した業務フロー図から、業務ごとの作業内容を明確にし、各々の作業で取り扱われる個人情報を抽出し、個人情報管理台帳を作成した。

③ 個人情報管理台帳を用い、店舗向け多目的監視カメラシステムが取り扱う個人情報に対するリスクを分析し、評価した。

次項で上記手順の概要を説明する。

#### 15.3.1.1　業務フロー図の作成

業務ごとに作業上の個人情報の流れを分析し、業務フロー図を作成した。個人情報だけではなく、情報提供者(例：顧客や店員)、情報取扱者(例：保安員、店長、管理センター管理者)等、個人情報に触れるアクタ(特定の役割をもつ人、組織、システム等)の存在も明記した。例として以下に店内設置カメラが店舗に入店した顧客の映像を取得してから退店するまでの流れを説明する[A3]。

顧客が店舗に来店するケースは以下のとおりである。

① 顧客が店舗に来店すると、店内設置カメラは顧客の映像を管理センター内の店舗向け多目的監視カメラシステムに送り、処理サーバを経由し、一時保管動画 DB に保存する。また万引き者画像DB 内のデータとの照合を行う。

② 照合の結果、万引き者画像 DB に登録のない顧客と判定する。

③ 来店した顧客の撮影データは処理サーバを経由し、統計データDB に統計情報として登録する。

図 15.4 に顧客が店舗に来店するケースの業務フロー図を示す。

### 15.3.1.2　業務ごとに取り扱われる個人情報の抽出

以下の 2 つの観点から個人情報管理台帳を作成した。

#### （1）　業務ごとに取り扱われる個人情報の特定

作成した 6 つの業務・データフロー図をもとに、業務を構成する作業項目を洗い出し、作業に関連する個人情報取扱いの各局面(取得・利用・移送・委託／提供・保管・廃棄)に応じて明確にした。

#### （2）　個人情報管理台帳の作成

個人情報を扱う部門やステークホルダを明らかにし、作業内容を明確にした。

### 15.3.2　業務フローリスク分析の方法

情報漏えい・情報の改ざんのリスクを確認するため、業務フローに対するリスク分析を行った。分析の方法は、ベースラインアプローチ、非形式アプローチを組み合わせた方法を採用した。

第3部　店舗向け多目的監視カメラシステムの PIA 実施事例

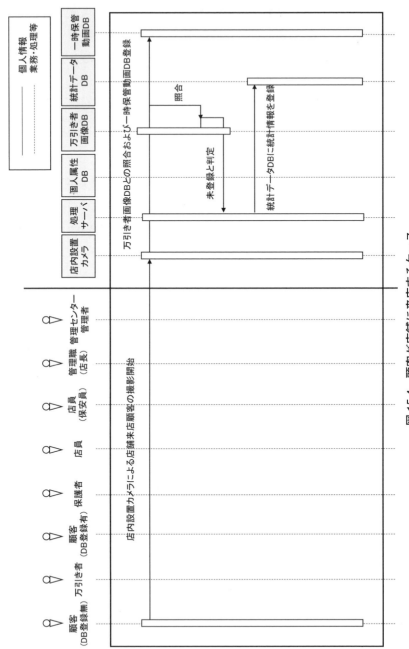

図 15.4 顧客が店舗に来店するケース

### 15.3.3　業務フローリスク分析の結果

#### （1）　多目的カメラシステムにおける個人情報

業務フローの分析をもとに、多目的カメラシステムにおいて取り扱われる個人情報をまとめた個人情報管理台帳を作成した[A7]。作成した個人情報管理台帳例を表 15.7 に示す。

表 15.7　個人情報管理台帳の例

| 情報名 | 個人情報入手手法 | 利用目的 | 個人情報項目 | 媒体 | 保管場所 | 管理者 | 廃棄方法 |
|---|---|---|---|---|---|---|---|
| 店内設置カメラ映像 | 店内設置カメラによる撮影 | 防犯目的での記録統計情報の作成 | 顔画像容姿歩容 | 画像DB | 管理センター | センター管理者 | 1 日後に上書き |
| 統計情報 | 店内設置カメラ映像から生成 | マーケティング | 匿名加工情報年齢性別日時 | 統計DB | 管理センター | センター管理者 | 規程なし |
| ⋮ | ⋮ | ⋮ | ⋮ | ⋮ | ⋮ | ⋮ | ⋮ |

#### （2）　ベースラインアプローチによるリスク分析

日本防犯システム協会「防犯カメラ管理規定（例）」をベースラインとし、各条文を満たしていることを確認した。また、ベースラインアプローチによる分析結果を作成した。表 15.8 に例を示す。ベースラインに対する適合性を評価し、根拠を記載した。現段階の資料で判定不能なものは、その旨を評価として記載した。

#### （3）　非形式アプローチによるリスク分析

本システムで取り扱われる業務を 6 つに分類し、業務における各ライフサイクルにおいてどのようなリスクが起こり得るかを分析し、リスク

表 15.8　ベースラインアプローチによるリスク分析の例

| ベースライン | 評価 | 根拠 |
|---|---|---|
| 取得した個人情報を目的以外に利用できない機能を実装 | 適合 | データの取得は、万引き防止、防災、マーケティングに利用するなど明確である。また、マーケティングにおいては統計データとするなど適切な処理を実施している。 |
| 個人情報の取得に当たり、適切にオプトインまたはオプトアウトを実施 | 判定不能 | カメラの設置表示や、万引き者からの個人情報取得に当たり適切な同意が必要と考えられるが、基本設計段階においては規定されておらず、詳細設計時に明記が必要である。 |
| 取得した個人情報を上書きまたは自動的に削除する機能を実装 | 判定不能 | 万引き者情報は一定期間後の自動削除機能が提供されている。ただし、具体的な保持期間の定めがなく、本件は運用時に明確にする。 |
| ⋮ | ⋮ | ⋮ |

表 15.9　顧客が店舗に来店するケース（ケース 1）における残留脅威の例

| No. | ライフサイクル | 業務 | 脅威 |
|---|---|---|---|
| T2 | 取得 | カメラで来店客の顔画像を取得する | 要配慮個人情報を取得する脅威（購入した商品名など） |

についてまとめた。非形式アプローチによるリスク分析は潜在的脅威分析を行った。残留する脅威の例を表 15.9 に示す。全ケースに対するリスク分析表は別添する[A8]。

## (4)　リスク分析結果

　ベースラインアプローチおよび非形式アプローチによるリスク分析から検出したリスクをリスク分析表として内容ごとに整理した[A8]。結果の例を表 15.10 に示す。最終的なリスクは 7 件であり、リスク分析表として別添した。

表 15.10 リスク分析結果の例

| No. | 脅威 | 脆弱性 | 参照リスク |
|---|---|---|---|
| 1 | 権限のないものがシステムを利用する脅威 | 店舗端末を利用したダウンロード機能の利用や、配信されたメールの開封にアクセス制御が実装されていない。 | B4 T29 |
| 2 | 要配慮個人情報を取得する脅威(購入した商品名など) | 適切な撮影範囲や解像度の設定またはPET技術の適用が行われていない。 | T2 |
| 3 | なりすましによる個人情報が取得される脅威 | 要配慮情報の取得に当たり、同意や本人確認がシステム的に行われていない。 | T7 |
| ⋮ | ⋮ | ⋮ | ⋮ |

## 15.4 評価基準の作成

### 15.4.1 評価シート作成手順

① PIAの評価基準として使用する参照規程文書を、内部規程文書(社内規程、契約書)と外部規程文書(法令や規格、ガイドライン)に分けて収集した。

② 入手文書より評価項目作成に必要な情報を特定する。特定した参照規程文書をリスト化し、評価基準とした。表15.11に外部参照規程文書の例を示す。

③ 参照規程文書から導出した個人情報に関連した要求事項を評価項目として一覧にし、チェックリスト形式にまとめた。分類はISO/IEC 29100：2011(プライバシー原則)に従った[2][5]。

評価シートの詳細は第13章を参照。

### 15.4.2 評価シートの内容

作成した評価シートの項目は以下の表15.12のとおりである。

なお、11項目は表15.13の観点で確認評価した。

### 表 15.11　評価シート作成のためのコンプライス事項

引用優先度◎：再重要、○：重要、△：参照する部分もあり、×：今回は参照せず。

| 名称 | 発行／改訂年月日 | 発行機関 | 引用優先度 | 備考 |
|---|---|---|---|---|
| 個人情報の保護に関する法律 | 2015.09 | | ◎ | 共通 |
| 個人情報の保護に関する法律についての経済産業分野を対象とするガイドライン | 2014.12 | 経済産業省 | ○ | 共通 |
| JIS Q 15001：2006 をベースにした個人情報保護マネジメントシステム実施のためのガイドライン　第 2 版 | 2016.01 | (一財)日本情報経済社会推進協会 | ○ | 共通 |
| 民間の防犯カメラの設置及び利用に関する留意事項 | | 新潟県 | △ | カメラ |
| 東京都が設置する防犯カメラの運用に関する要綱 | | 東京都 | △ | カメラ |
| 防犯カメラ管理規定(例) | | 日本防犯システム協会 | △ | カメラ |
| 防犯カメラの設置及び運用に関するガイドライン | | 相模原市 | △ | カメラ |
| IoT セキュリティガイドライン | 2016.07 | 総務省経済産業省 | △ | |
| 「政府機関の情報セキュリティ対策のための統一管理基準(平成 24 年度版)」解説書 | 2014 | 総務省 | △ | |
| 街頭防犯カメラ整備・運用の手引き(案) | 2011.03 | 警視庁 | × | 4〜7に重複 |

### 表 15.12　評価項目の分類と項目数

| 大分類 | 内容 | 項目数 |
|---|---|---|
| 1.同意及び選択 | 選択の機会、本人の同意 | 2 |
| 2.目的の正当性及び明確化 | 利用目的の特定 | 1 |
| 3.収集制限 | 個人情報の特定、必要最小限のデータ収集、適正な取得 | 4 |
| 4.データの最小化 | 必要最小限の処理、アクセス制御、データの消去 | 3 |
| 5.利用、保持、及び開示の制限 | 目的外利用の同意、利用目的の変更、第三者提供の制限 | 2 |
| 6.正確性及び品質 | 正確、完全、最新、及び利用目的に十分かつ適切であること | 1 |

表 15.12　つづき

| 大分類 | 内容 | 項目数 |
|---|---|---|
| 7. 公開、透明性、及び通知 | 個人情報保護方針、保有個人データに関する事項の公表等 | 2 |
| 8. 個人参加及びアクセス | 個人情報の開示、内容の訂正、利用の停止、第三者提供の停止 | 4 |
| 9. 責任 | プライバシー関連ポリシー、苦情処理、救済措置、訓練 | 3 |
| 10. 情報セキュリティ | 安全管理措置、従業者の監督、委託先の監督 | 8 |
| 11. プライバシーコンプライアンス | 法令遵守、監査 | — |
| | 合計 | 30 |

表 15.13　評価確認項目

| 項目 | 内容 |
|---|---|
| 評価結果 | 評価項目に対して確認した事実 |
| 指摘・推奨事項 | 評価結果が不適合または評価不能の場合に、指摘事項や推奨事項を記入 |
| 査閲資料 | 検証結果の根拠となる資料を記入 |

## 15.5　影響評価

### 15.5.1　評価の方法と手順

　リスク分析は、「双方向ギャップ分析」手法を用いて実施した[1]。この手法は、評価シートによる対象システムのリスク対応評価と、システムリスク分析書、業務フローリスク分析書にて検出したリスクが法令、規則に反映されているか制度評価を行った。これはシステム設計におけるリスク対策の適合性と法令や運用規則の整備状況の両者の改善を促す PIA 特有のリスク分析手法である[A8][A10][A11]。

第 3 部　店舗向け多目的監視カメラシステムの P I A 実施事例

　評価の区分としては、**表 15.14** に示す 4 段階で評価を実施した。また、評価シートに対するシステムリスク分析、データフローリスク分析による検出リスクの完備性を**表 15.15** に示す 3 段階で評価を実施した。

　影響評価の詳細は**第 14 章**を参照。

表 15.14　評価区分（評価シート）

| 評価結果 | 区分説明 |
|---|---|
| 適合（○） | 適切な安全管理措置が計画されている |
| 不適合（×） | 安全管理措置が未計画または不十分である |
| 評価不能（△） | 安全管理措置の計画状況が不明である |
| 評価対象外（－） | 対象システムにおいては評価対象外である |

表 15.15　評価区分（制度設計）

| 評価結果 | 区分説明 |
|---|---|
| 重大な不備 | 個人情報保護に関わる重要なコンプライアンスの不備であり、影響が大きい |
| 不備 | 個人情報保護に関わるコンプライアンスの不備であるが、影響が小さい |
| 軽微な不備 | 個人情報保護に関わるコンプライアンスの不備であるが、影響が極めて小さい。 |

## 15.5.2　評価の実施

　15.5.1 項で述べた手法に基づき、以下の(1)、(2)の手順で評価を実施した。

## （1）　リスク対策の適合性の評価

　作成した評価シートの各項目について、「システムリスク分析書」「データフローリスク分析書」を参照してリスク対策の適合性を評価した。

　表 15.16 に評価シートにおける指摘項目数を示す（詳細は評価シートを参照）。計 30 の評価項目のうち 7 項目を不適合、13 項目を評価不能と評価した。不適合項目内容を表 15.17 に示す。

表 15.16　不適合項目数の一覧

| 大分類 | 項目数 | 適合 | 不適合 | 評価不能 | 評価対象外 |
|---|---|---|---|---|---|
| 1. 同意及び選択 | 2 | 1 | 1 | | |
| 2. 目的の正当性及び明確化 | 1 | | | | 1 |
| 3. 収集制限 | 4 | 2 | 2 | | |
| 4. データの最小化 | 3 | 1 | 2 | | |
| 5. 利用、保持、及び開示の制限 | 2 | | | 1 | 1 |
| 6. 正確性及び品質 | 1 | | | 1 | |
| 7. 公開、透明性、及び通知 | 2 | | | 2 | |
| 8. 個人参加及びアクセス | 4 | | | 3 | 1 |
| 9. 責任 | 3 | 2 | | | 1 |
| 10. 情報セキュリティ | 8 | | 2 | 6 | |
| 11. プライバシーコンプライアンス | − | | − | − | |
| 合計 | 30 | 6 | 7 | 13 | 4 |

表 15.17　不適合項目の一覧

| 評価項目 | 指摘事項 | 要求事項 |
|---|---|---|
| 1-1<br>選択の機会 | 査閲資料「データフローリスク分析書」によるとカメラ設置表示に関する規程がない。また、撮影を避ける方法が提示されていない。 | カメラが設置されていることを店舗(撮影区域)に立ち入る前にわかりやすく表示すべきである。 |
| 3-1<br>必要最低限のデータ収集 | 査閲資料「データフローリスク分析書」によると再来店時の通知を目的とするのであれば、取得する万引き者の個人情報のうち、住所および職業は不要である。また、カメラの設置において、店舗外の映像など、不必要な映像が撮影されないような設置規程が明確ではない。 | 取得する個人情報の取扱は利用目的達成に必要最小限のものとすべきである。また、店舗外の映像など、不必要な映像が撮影されないようにすべきである。 |
| 4-2<br>アクセス制御 | 査閲資料「データフローリスク分析書」によるとデータセンター内でのアクセス制限は定義されているが、店舗従業員によるアクセスは規程がない。 | 個人情報にアクセスできる店舗従業員を限定すべきである。 |
| 4-3<br>データの消去 | 査閲資料「データフローリスク分析書」によると撮影画像は 1 日おきに上書き保存としているが、スマートフォンが受信する万引き者通知メールは、廃棄が行われていない。 | 通知メール受信後、自動で削除する機能を追加すべきである。 |
| 10-4<br>安全管理措置<br>(技術的安全管理措置) | 評価対象システムの選定と購入に際し、適切なセキュリティ要件を実装した製品を選定する規程がない。 | セキュリティ要件を考慮した製品選定基準を策定すべきである。 |
| 10-5<br>システム関係者の管理 | 委託先選定の選定基準が確認できない。 | 委託先選定の基準を策定すべきである。 |

## （2）　対象システムのリスク分析表による要求事項の完備性の評価

「システム分析書」「個人情報に関する業務フロー分析書」にて検出されたリスクのうち、評価シートに記述されていない事項を抽出した。表15.18に不備項目数を示す。

表15.19に検出された5項目の指摘事項を示す。

## （3）　助言事項

さらに安全性を高めるため、評価シートにおいて評価不能（△）となった項目について、助言事項として表15.20（pp.184-185）に示す。なお、実際の運用状態はPIAの範囲外であるが、運用規程はシステム設計時に運用設計書などで明確にしておく事項であるためPIAの対象となる。詳細設計時に再度PIAを実施する際にはこれらの助言項目が明確

表15.18　不備項目数の一覧

| 大分類 | 項目数 | 重大な不備 | 不備 | 軽微な不備 |
|---|---|---|---|---|
| 1. 同意及び選択 | 1 | | 1 | |
| 2. 目的の正当性及び明確化 | 1 | | 1 | |
| 3. 収集制限 | | | | |
| 4. データの最小化 | 1 | | 1 | |
| 5. 利用、保持、及び開示の制限 | | | | |
| 6. 正確性及び品質 | | | | |
| 7. 公開、透明性、及び通知 | | | | |
| 8. 個人参加及びアクセス | | | | |
| 9. 責任 | | | | |
| 10. 情報セキュリティ | 2 | 1 | | 1 |
| 11. プライバシーコンプライアンス | | | | |
| 合計 | 4 | 1 | 3 | 1 |

表15.19　要求事項の不備の例

| 評価項目 | 指摘事項 | 推奨・要求事項 |
|---|---|---|
| システムリスク分析(9)<br>LANボード、モデム、ハードウエアなどの故障で、通信不可 | 本件は軽微な不備に相当する<br>　管理センターは24時間稼働するように運営されるという記述があり、適切な対応はされていると思われるが、設計書には明記していない。 | (推奨事項)<br>機器故障により情報の毀損・滅失またはセキュリティ機能が無効化しないよう対策を実施すべきである。 |
| データフローリスク分析(R-4)<br>統計データ作成時の匿名化方法が規定されていない。匿名化が不十分である可能性がある。 | 本件は不備に相当する<br>　匿名化が不十分である場合、個人の特定につながる恐れがある。 | (要求事項)<br>統計データなのか匿名加工情報なのかを明確にし、匿名加工情報であれば適切に運用すべきである。 |
| データフローリスク分析(R-6)<br>同意が得られなかった場合の規程がない。 | 本件は不備に相当する。<br>　同意のない個人情報の取得をしてしまう。 | (要求事項)<br>本人同意のない個人情報の登録がなされないよう、同意が得られない場合の手順を定めるべきである。 |
| データフローリスク分析(R-7)<br>万引き者から提供される個人情報の媒体および廃棄方法に関する規程がない。 | 本件は不備に相当する。<br>　不要となった媒体の不適切な取扱いから個人情報が流出する。 | (要求事項)<br>店舗で取り扱われる万引き者の個人情報が記載された媒体を明確化し、システムに登録後は廃棄されたことを確認する手段を用意すべきである。 |
| データフローリスク分析(R-10)<br>私物端末の持ち込みに関する規程がない。 | 本件は重大な不備に相当する。<br>　店内映像や万引き者情報が私物端末等により外部に流出する可能性がある。 | (要求事項)<br>私物等の不許可端末による店舗内ネットワークへの接続や、撮影等により個人情報が流出しないよう対策を講じるべきである。 |

でない場合は、不適合となる。

### 15.5.3 影響評価のまとめ

表 15.21（p.186）に指摘・助言件数を示す。

以下に評価内容を区分別に示す。

#### （1） 適合性評価に関して

個人情報の取得と利用に際して、カメラ設置表示に関する規程がない
ため、利用者がカメラの設置と利用目的を知らずに撮影される恐れがあ
る他、万引き者の個人情報を取得するに当たり利用目的を超えた内容ま
で取得していることが指摘できる。

また、カメラの設置・運用に当たってはカメラ設置管理責任者の設置
やカメラの設置運用に関わる苦情受付の規程がないことが指摘できる。

その他、製品の選定基準に関わる規程や、システムの運用を想定した
従業員のアクセス規程に不足があることが明らかになった。

現在基本設計時であり、詳細な記述がないのも理解できるが詳細設計
時には運用規程も含め設計書に明記するべきである。

#### （2） 完備性評価に関して

万引き実行者の本人同意の取得手段は規定されているが、同意を得ら
れない場合の手順が不明確であるため、同意を得られなかった場合の手
順を明確に定めるべきである。

データの利用に当たっては、統計データの作成方法を明確に定め、統
計情報なのか匿名加工情報なのかを明らかにすべきである。

また、私物端末の持ち込みに関する規程が存在しない。私物端末のネ
ットワーク接続や、私物スマートフォン等のカメラによる撮影により個
人情報が流出しないよう対策を講じる必要がある。

第3部　店舗向け多目的監視カメラシステムのPIA実施事例

表 15.20　助言

| 評価項目 | 指摘事項 |
|---|---|
| 2-1<br>利用目的の特定 | 査閲資料「データフローリスク分析書」によるとカメラの設置目的表示に関する規程がない。 |
| 5-1<br>目的外利用の同意 | 評価対象システムにて、個人情報の取得・利用目的を超えて利用する場合、本人の同意を得る手続き、手順について、明示的な規程文書は提示されていない。 |
| 6-1<br>正確、完全、最新、及び利用の目的に十分かつ適切であることを確実にする | 個人データを正確かつ最新の内容に保つよう次に挙げる事項を満たす仕組みについて、明示的な規程文書は提示されていない。 |
| 7-1<br>個人情報保護方針 | 個人情報保護方針を定め文書化しているか明示的な規程文書は提示されていない。 |
| 7-2<br>保有個人データに関する事項の公表等 | 保有個人データに関し、本人の知り得る状態に置かれているか。公表すべきないようについて以下に例示する。<br>　① 当該個人情報取扱事業者の氏名又は名称<br>　② すべての保有個人データの利用目的<br>　③ 保有個人データの利用目的の通知及び保有個人データの開示に関わる手数料の額<br>　④ 保有個人データの取扱いに関する苦情及び問い合わせの申出先 |
| 8-1<br>個人情報の開示 | 開示対象個人情報に関して、本人からの開示等の求めへの対応に方法を規定しているか。開示対応時の本人確認手順が規定されているか、明示的な規程文書は提示されていない。 |
| 8-2<br>個人情報の内容の訂正 | 個人データの訂正、追加又は削除の請求を受けた場合の対応手順が規定されているか、明示的な規程文書は提示されていない。 |
| 8-3<br>個人情報の利用の停止 | 個人データの利用停止請求を受けた場合の対応手順が規定されているか、明示的な規程文書は提示されていない。 |
| 9-1<br>苦情対応・救済措置 | 査閲資料「データフローリスク分析書」によるとカメラの設置運用に関わる苦情受付の規定がない。 |
| 10-1<br>安全管理措置(組織的安全管理措置) | 安全管理に対する規程や手順書を整備運用し、その実施状況を確認しているか、明示的な規程文書は提示されていない。 |
| 10-2<br>安全管理措置(人的安全管理措置) | 雇用関係にある従業員(正社員、契約社員、嘱託社員、パート社員、アルバイト社員等)のみならず、取締役、執行役、理事、監査役、監事、派遣社員等も含まれる。)に対する、業務上秘密と指定された個人データの非開示契約の締結や教育・訓練等を実施しているか、明示的な規程文書は提示されていない。 |
| 10-3<br>安全管理措置(物理的安全管理措置) | モニタ、録画装置、個人データを保管するサーバーや情報端末、情報記録媒体を、入退館(室)の管理、個人情報の盗難の防止、記録画像の不必要な複製加工の防止等の措置(以下「物理的安全管理措置」という。)を講じているか、明示的な規程文書は提示されていない。 |
| 10-4<br>安全管理措置(技術的安全管理措置)① | 個人データおよびそれを取り扱う情報システムへのアクセス制御、不正ソフトウェア対策、情報システムの監視等、個人データに対する技術的な安全管理措置を実施しているか、明示的な規程文書は提示されていない。 |
| 10-4<br>安全管理措置(技術的安全管理措置)② | 防犯カメラの管理責任者を置いているか、明示的な規程文書は提示されていない。 |
| 10-4<br>安全管理措置(技術的安全管理措置)③ | カメラ、複合機等の IoT 機器をネットワークへ新たに接続する際にセキュリティ対策を実施しているか、明示的な規程文書は提示されていない。 |

## 項目の一覧

| 推奨事項 |
|---|
| カメラの設置目的表示に関する規定を定め、利用目的をできる限り具体的に特定することを推奨する。 |
| 評価対象システムではプライバシーマークを取得済みであるが、本人からの同意取得後、本人に連絡を取る手続きに関する規程の確認を推奨する。 |
| 評価対象システムではプライバシーマークを取得済みであるが、個人データを正確かつ最新の内容に保つような仕組みや規程の確認を推奨する。 |
| 評価対象システムではプライバシーマークを取得済みであるが、個人情報保護方針の確認を推奨する。 |
| 評価対象システムではプライバシーマークを取得済みであるが、公表内容の確認を推奨する。 |
| 評価対象システムではプライバシーマークを取得済みであるが、個人情報の開示手続きについて規程の確認を推奨する。 |
| 評価対象システムではプライバシーマークを取得済みであるが、個人情報の内容の訂正について手順・規程を確認することを推奨する。 |
| 評価対象システムではプライバシーマークを取得済みであるが、個人情報の内容の訂正について規程を確認することを推奨する利用停止請求手順について規定を確認することを推奨する。 |
| カメラの設置運用に関わる苦情受付の規程を定めることを推奨する。 |
| 評価対象システムではプライバシーマークを取得済みであるが、組織的対策に関わる安全管理規程や手順の整備について確認することを推奨する。 |
| 評価対象システムではプライバシーマークを取得済みであるが、人的安全管理措置に関わる規程を確認することを推奨する。 |
| 店舗側では、貸与品などセキュリティ教育が適正に実施されているが、端末の物理的安全管理措置について、規程を作成することを推奨する。 |
| 端末へのアクセス制御について、技術的安全管理措置を規定することを推奨する。 |
| カメラの設置に関わる管理責任者を明確にすることを推奨する。 |
| Open SSL の脆弱性等の対策状況等、既知の脆弱性を保有していないか、確認を推奨する。 |

第3部　店舗向け多目的監視カメラシステムのPIA実施事例

表 15.21　指摘・助言件数

| 項目 | | 件数 |
|---|---|---|
| リスク対策の適合性 | 適合 | 6 |
| | 不適合 | 7 |
| | 評価不能 | 13 |
| | 評価対象外 | 4 |
| 要求事項の完備性 | 重大な不備 | 1 |
| | 不備 | 3 |
| | 軽微な不備 | 1 |
| 助言項目 | — | 15 |

## （3）　助言項目に関して

　プライバシーマーク取得済みであるため、対策が実施されていることが想定されるが、明示的な規程文書が提示されていない。これらの項目は詳細設計時において再度 PIA を実施した際に確認ができない場合は不適合となる。

# 15.6　総括

　店舗向け多目的監視カメラシステムに対し、30 項目の評価を実施した。評価結果は適合が 6 件、不適合が 7 件、評価不能が 13 件であり、不適合件数が適合件数を上回る結果となった。法令・ガイドライン等への遵守状況が不十分であり、早急な是正が必要であると判断する。

　今回、影響評価を実施した店舗向け多目的監視カメラシステムは基本設計段階にあり、詳細な仕様が確認できない他、具体的な運用時の組織体制が未整備であることがわかった。本システムは来店者を撮影対象とするほか、要配慮情報を取り扱うシステムであるため、早急に組織体制の整備を行うことと併せ、要求仕様において不適合事項への対策を実施

することを求める。

　また、詳細設計時において、再度の PIA を実施することを強く推奨する。

## 参考文献

[1]　瀬戸洋一(2016)：『プライバシー影響評価ガイドライン実践テキスト』、インプレス R&D。

[2]　瀬戸洋一(2009)：『情報セキュリティの実装保証とマネジメント』、日本工業出版。

[3]　日本防犯システム協会『防犯カメラ管理規定(例)』、2005 年 1 月 (http://www.manboukikou.jp/pdf/situation185.pdf) (http://www.manboukikou.jp/pdf/situation204.pdf)

[4]　産業技術大学院大学(2016)：「(201601104-01)店舗向け多目的監視カメラシステム評価シート作成マニュアル」

[5]　ISO/IEC 29100：2011「Information technology—Security techniques—Privacy framework」(http://www.iso.org/iso/iso_catalogue/catalogue_tc/catalogue_detail.htm?csnumber=45123)

[6]　JIS Q 15001「個人情報保護マネジメントシステム—要求事項」(http://www.jisc.go.jp/app/pager?id=0&RKKNP_vJISJISNO=Q15001&%23jps.JPSH0090D:JPSO0020:/JPS/JPSO0090.jsp)

## 補足資料

[A1]　産業技術大学院大学：A_店舗向け多目的監視カメラシステム予備 PIA 報告書 _20160709_08

[A2]　産業技術大学院大学：A_店舗向け多目的監視カメラシステム基本設計書 _20160926

[A3]　産業技術大学院大学：A_店舗向け多目的監視カメラシステムの業務フロー分析書 _20161031

[A4]　産業技術大学院大学：AIIT-031-20140119　埼玉病院システム分析書

[A5]　産業技術大学院大学：A_店舗向け多目的監視カメラシステムのシステムリスク分析書 _20161031

[A6]　産業技術大学院大学：A_店舗向け多目的監視カメラシステムのシステム PIA 実施計画 20160629-011_03

[A7]　産業技術大学院大学：A_店舗向け多目的監視カメラシステムのシステム個

　人情報台帳 20160921-011_01

［A8］　産業技術大学院大学：A_ 店舗向け多目的監視カメラシステムリスク分析書
　　　　20160921-011_01

［A9］　産業技術大学院大学：A_ 評価シート作成のためのコンプライアンス表
　　　　20161022-00

［A10］　産業技術大学院大学：A_ 店舗向け多目的監視カメラシステム評価シート
　　　　20161029-04

［A11］　産業技術大学院大学：A_ 店舗向け多目的監視カメラシステム業務フロー
　　　　リスク分析書 _201161203

［A12］　産業技術大学院大学：A_ 店舗向け多目的監視カメラシステム評価不能項
　　　　目 20161122-03


## 付録

表紙の記載事項例

- タイトル：店舗向け多目的監視カメラシステムに関するプライバシー影響評価報告書
- PIA 実施組織：○○○○株式会社○○課
　〒XXX-XXXX　○○県○○市○○○　連絡先　000-9999-9999
- バージョン番号：バージョン 2.0
- 発行日：20＊＊年＊月＊日
- 問合せ先：△△課△△担当 000-9999-8888


注）　参考文献、補足資料、付録に掲載した資料は例として示した。

# PIA 用語集

## 【英数字】

### CPO

　最高プライバシー責任者(Chief Privacy Officer)。ただし、複数の定義がある。プライバシー影響評価における定義は、「個人情報を提供する本人の権利・利益保護の観点から、中立的な立場で個人情報に関する助言や承認を行う者」とある。

　プライバシーに関するコンプライアンスの監視に責任を負う第三者機関で、完全に独立して監督等の職務を遂行する公的機関であるプライバシーコミッショナーが設置されない場合は、組織内に CPO を任命する。

　CPO は PIA 実施依頼組織内に設置するが、PIA 実施依頼組織に対して自主性・独立性を有することが求められる。プライバシーマーク制度の個人情報保護管理者(個人情報保護活動に関する内部統制を確保し、組織を代表する立場)とは意味が異なる。日本では、個人情報保護法で規定された個人情報保護委員会あるいは認定個人情報保護団体が相当する。EU におけるデータ保護責任者(Data Protection Officer)に相当する。

### DPIA

　プライバシー影響評価の項を参照。

### GDPR

　EU(European Union:欧州連合)が 2016 年 4 月に制定した「一般データ保

護規則(General Data Protection Regulation)」の略称。EU 域内の個人データ保護を規定する法として、1995 年から適用されている「EU データ保護指令(Data Protection Directive 95)」に代わり、2018 年 5 月 25 日に施行。日本では、2019 年 9 月、日本と EU 間での相互の個人データ移転を図るため、「個人情報の保護に関する法律に関わる EU 及び英国域内から十分性認定により移転を受けた個人データの取扱いに関する補完的ルール」(以下、「補完的ルール」という)が、個人情報保護委員会より発表された。その後、日本と EU で、2019 年 2 月 1 日に十分性認定が発行された。これにより、EU 域内の法制度に基づいた企業間の契約条項等で、適切な保護措置を確保することなどの条件を満たさなくても、日本国内法と「補完的ルール」を遵守すれば、EU 域内の事業者から個人データの移転を受けることが可能となった。

## ISO /IEC 15408：2017

　ISO/IEC 15408 は、コモンクライテリア(Common Criteria：CC)とよばれるコンピュータセキュリティのための国際規格で、1999 年に制定された。JIS X 5070 として JIS 規格が発行されている。CC は、IT 製品や情報システムに対して、情報セキュリティを評価し認証するための評価基準を定めている。

　CC は以下の 3 部で構成される。

　　①　ISO/IEC 15408-1：概説と一般モデル(Introduction and general model)

　　②　ISO/IEC 15408-2：セキュリティ機能要件(Security functional components)

　　③　ISO/IEC 15408-3：セキュリティ保証要件(Security assurance components)

## ISO 22307：2008

　国際標準化委員会 ISO TC 68/SC7(金融サービス)により 2008 年に発行されたプライバシー影響評価に関する国際標準規格。以下の 6 つの要求事項が規定

されている。

① 計画

② 評価

③ 報告

④ PIA 実施に必要な専門技能をもつ人の関与

⑤ 公共的で独立した見地の関与

⑥ PIA 結果を意思決定に用いることについての合意

　本来の対象は金融システムだが、金融分野に限定せず、個人情報を取り扱う情報システム全般に対して適用できる。

## ISO/IEC 29100：2011

　2011 年に ISO/IEC が発行したプライバシーフレームワーク規程。個人識別可能情報（Personally Identifiable Information：PII）の処理における関係者とその役割を定義しており、ICT システムでのプライバシー原則の実施、および組織の ICT システム内で実装されるプライバシー管理システムの開発を中心に置くプライバシーフレームワークである。この規格ではプライバシー 11 原則を示している。

　この規格をもとに JIS X 9250：2017「プライバシーフレームワーク（プライバシー保護の枠組み及び原則）」が 2017 年 6 月に発行されている。

## ISO/IEC 29134：2017

　国際標準化委員会 ISO/IEC JTC1/SC27（セキュリティ技術）により 2017 年に発行されたプライバシー影響評価のガイドラインに関する国際標準規格である。ISO 22307 は引用されていないが、ISO 22307 の 6 つの要求事項は記述されている。また、慣習的に実施されてきた以下の 3 つの概念が明文化された。

① プライバシーバイデザイン（Privacy by Design）

② ステークホルダエンゲージメント（Stakeholder Engagement）

③ デューデリジェンス（Due Diligence）

## ISO 31000：2018

ISO によって、2018 年に開発されたリスクマネジメント規格であり、リスクアセスメント(リスク特定→リスク分析→リスク評価)により、リスク対応(回避・低減(最適化)・移転・受容の 4 種類)を行う。適用範囲は官民のすべての組織に適用できる汎用的な規格である。日本国内では JIS Q 31000「リスクマネジメント—指針」が発行されている。

## PIA

ピーアイエーと呼ぶ。「プライバシー影響評価」の項を参照。

## PIA 実施依頼組織

個人情報を取り扱う情報システムを構築・運用する組織。実施依頼組織または実施組織ともいう。ISO/IEC 29134：2017 では、ISO/IEC 29100 での PII (個人識別可能情報)管理者が相当する。

## PIA 評価チーム

PIA 評価を実施するチーム。個人情報保護に関する技術的・法的な専門能力をチームとして有する集団。単に評価チームともいう。評価チームは実施組織内で人材を確保する場合、外部の専門的な組織に依頼する場合がある。組織内外を問わず、専門性および中立性がメンバーに求められる。ISO/IEC 29134：2017 では、PII 管理者が PIA の実施責任者となっている。ただし、PII 管理者が PII 処理者に PIA 実施を依頼してもよい。あるいは、PIA を対処する人的資源がない中小企業の場合、システム開発者が PIA を実施することもできると記載されている。

## PIA 報告書

プライバシー影響評価チームが実施した評価結果をもとに、導入区分(実施対象)、概要区分(分析とリスク評価)、意見区分(指摘事項および推奨事項など

の評価結果)、特記区分(必要に応じて特記すべき事項)の記載区分により構成される報告書のことである。PIA 報告書をもとに、エグゼクティブサマリやパブリックサマリを作成する。

## 【あ　行】

### 影響評価

　プライバシー影響評価において、リスクを識別した後に、リスク対応を検討するためにリスクに対して定量的または定性的な評価を行う必要がある。プライバシーリスク評価は、影響度(リスクが顕在化した際の影響の大きさ)と発生可能性(リスクが顕在化する可能性)の2つの観点から行う。どの程度の影響が引き起こされるかについて、複数段階のレベルを設定し、評価を行うことが一般的である。さらに、システム等における「脆弱性」も観点に加え影響を評価する場合もある。

### エグゼクティブサマリ

　エグゼクティブサマリ(Executive Summary)は、企業の経営層や組織の上級管理職向けに PIA 報告書の重要なポイントをまとめた要約報告書のこと。主な調査結果と勧告事項、PIA が実施された理由、計画者・実施者、PIA の対象となったプログラム、情報システム、プロセスまたはその他の取組みに関する簡潔な説明、および、主なプライバシーへの影響に対する軽減策や回避策などが記載される。

## 【か　行】

### 簡易 PIA

　認定個人情報保護団体や業界団体があらかじめ作成した評価シートを基準に実施するプライバシー影響評価。詳細 PIA と比較して実施コストが低く、個別システムの設計書等を収集する必要がないため、文書が整備されていない企画段階のシステムに適する。

## 監視カメラシステム

　さまざまな目的で対象を撮影するためのビデオカメラ、ネットワーク、解析処理を含めたシステムのこと。主な用途としては、防犯、防災、計測・記録などがある。防犯目的の場合は防犯カメラとよばれ、防災目的の場合は防災カメラなどとよばれる。広義にはカメラ単体ではなく、撮影した映像の伝送・処理、記録、表示機能を含むシステム全体を指す。英語では surveillance camera あるいは security camera ともいう。一般的には、映像監視システムのことをその映像信号伝送方法である Closed-Circuit TeleVision（閉鎖回路テレビ）の略称である「CCTV」と呼ぶことがある。日本では、市民が監視という言葉への抵抗があることが多いため、実質は監視カメラであっても防犯カメラと呼ぶことが多い。

## 個人情報影響評価

　プライバシー影響評価の項を参照。

# 【さ　行】

## しきい値評価

　監査において、監査の重要性の判断は、監査人の考え方に依存する。重要性判断基準のことをカットオフ（切り捨て）ポイントまたは閾値（threshold）という。監査計画の策定・立案に際し、考慮される監査上の重要性（planning materiality（計画の重要性））ともいわれる。

　つまり、本格的監査を実施する際、重要なポイントを識別する予備監査に相当する。PIA は監査ではないが、監査の手順に基づく部分もあり、国際標準規格文書では、しきい値評価が使われているが、予備評価が適切な用語である。

## システム開発プロジェクトチーム

　個人情報を取り扱うシステムを設計・開発するチームのこと。

## 十分性認定

　欧州委員会が、特定の国や地域が個人データについて「十分な保護水準を確保している」と決定することをいう。日本も 2019 年 2 月 1 日に十分性認定を受けた。

　十分性認定に基づき、EU 域内から日本に移転された個人データは、日本の個人情報保護法だけでなく、「個人情報の保護に関する法律に関わる EU 及び英国域内から十分性認定により移転を受けた個人データの取扱いに関する補完的ルール（2019 年 1 月 23 日施行）」に従って扱わなければならない。また、日本から EU 域内への個人データの移転において、本人の同意は必要ないとされた。

## 詳細 PIA

　評価シートの作成やプライバシーリスク分析を、評価対象システムごとに個別に実施するプライバシー影響評価。簡易 PIA と比較して実施コストが比較的高く、重要な個人情報を取り扱うシステムや公共性の高いシステムに適用する。

## ステークホルダ

　ステークホルダ（Stakeholder）は、利害関係者と訳される。企業・行政・NPO 等において、直接的・間接的な利害関係を有する者を指す。一般的には、消費者（顧客）、従業員、株主、債権者、仕入先、得意先、地域社会、行政機関などがある。PIA の場合は、システムや情報を管理運用に関する責任者、システムを設計する開発者、情報を提供する個人、情報を提供あるいは利用する組織や個人などが相当する。

## ステークホルダ・エンゲージメント

　ステークホルダ・エンゲージメント（Stakeholder Engagement）とは、一般には、企業が活動や意思決定を行ううえで、ステークホルダの関心事項を理解

するために行われる取組みのことである。アンケートやドキュメントレビューなどで行われる。つまり、利害関係者の識別、協議計画の立案、そのうえで、利害関係者協議による合意を意味する。

　PIA の場合は、リスク分析の過程や PIA 報告書をまとめる過程で実施される、関係者[1] へのレビューや協議、また、最終的な PIA 報告書の関係者[2] への公開によって実施される。PIA の重要な機能の一つである。

## 双方向リスク分析

　双方向リスク分析あるいは双方向ギャップ分析ともいう。双方向リスク分析は影響評価時に実施する。**図 A** に双方向リスク分析の概要を示す。

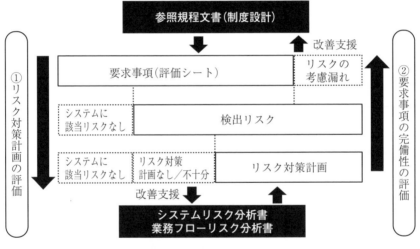

**図 A　双方向リスク分析**

　この分析手法は 2 つの課題を評価できる。

　一つは技術的・運用的観点で、リスク対策計画を評価する（①）。もう一つ

---

1)　システムや情報を管理運用に関する責任者、システムを設計する開発者など。
2)　1)に加え、情報を提供する個人、情報を利用する組織や個人など。

は、コンプライアンス的観点で、要求事項の完備性を評価する(②)。

　プライバシー影響評価の定義は、国際標準あるいは各国のガイドラインでは若干の表現の相違はあるが、「個人情報の収集を伴う新たな情報システムの導入に当たり、プライバシーへの影響度を"事前"に評価し、その回避、または緩和のための法制度・運用・技術的な変更を促す」ための一連のプロセスである。

　リスク対策計画の評価、つまり技術的・運用的な課題については、評価シートの各評価項目に対して、システムリスク分析書および業務フローリスク分析書を確認し、評価対象のシステムにおけるリスクの存在や対策の計画状況を評価する(①)。一方、要求事項の完備性の評価、つまり、法整備やルールにおける課題については、検出したリスクに対応する評価項目の存在を確認し、要求事項におけるリスク検討漏れの可能性を評価する(②)。

　法やルールが整備されている場合は、技術的な観点でのリスク対応(①)のみの実施でよく、要求事項の完備性の評価(②)は不要である。

## 【た　行】

### 特定個人情報保護評価

　特定個人情報ファイル(マイナンバーをその内容に含む個人情報ファイルのこと)を保有しようとする、または保有する国の行政機関や地方公共団体等が、個人のプライバシー等の権利・利益に与える影響を予測したうえで特定個人情報の漏えいその他の事態を発生させるリスクを分析し、そのようなリスクを軽減するための適切な措置を講ずることを宣言するもの。評価の対象は、特定個人情報保護ファイルを取り扱う事務である。一般的な個人情報は対象にしていない。

## 【は　行】

### 評価シート

　プライバシー影響評価の評価対象となる情報システムが遵守すべき法やガ

イドライン、契約、組織内規程など規程体系の要求事項をチェックリスト形式で一覧化したもの。一般には PIA 評価チームが作成し、評価の基準とする。ただし、業界団体で統一的な評価シートを作成し、関連する組織に提供する場合もある(簡易 PIA の項を参照)。

## パブリックサマリ

　パブリックサマリ(Public Summary)は、ISO/IEC 29134 で記載された項目である。ステークホルダ(利害関係者)に周知するため PIA 報告書を公開するときに作成する要約報告書である。内容によっては脆弱性を公開することにつながるため、公開することのリスクを考慮し、記述の詳細度に配慮が必要である。PIA 報告書を関係者にわかりやすく要約したものである。

## プライバシー影響評価

　プライバシー影響評価は Privacy Impact Assessment の訳で、通称 PIA(ピーアイエー)とよばれている。もともと英国連邦で普及したプライバシー保護に関するソフトローである。プライバシーとあるが、いわゆるプライバシー情報に限定されず、個人データを対象とする。

　各国で呼び方が異なっている。英国連邦加盟国では、Privacy Impact Assessment(PIA)、欧州連合 EU 加盟国では Data Protection Impact Assessment(DPIA)、韓国では個人情報影響評価(Personal information Impact Assessment(PIA))とよばれている。

　PIA については、2 つの国際標準が規定されている。詳細は**第 1 部**を参照してほしい。

## 【や　行】

## 要配慮個人情報

　要配慮個人情報は、「個人情報保護法に定義されている、本人の人種、信条、社会的身分、病歴、犯罪の経歴、犯罪により害を被った事実、その他本人

に対する不当な差別や偏見、その他の不利益が生じないようにその取扱いに特に配慮を要するものとして政令で定める記述等が含まれる個人情報のこと」である。取扱いにおいて、あらかじめ本人の同意を得ないで取得してはならないとされ、また、オプトアウト規程からも除外されている。

「個人情報の保護に関する法律に係る EU 及び英国域内から十分性認定により移転を受けた個人データの取扱いに関する補完的ルール」において、GDPRなどで特別な種類の個人データと定義されている性生活、性的指向または労働組合に関する情報が含まれる場合には、要配慮個人情報と同様に取り扱うこととしている。

## 予備 PIA

プライバシー影響評価の実施要否を判定する目的で本評価に先立って行う評価のことである。システムでの個人情報の取扱いの有無を確認し、要実施と判定される場合には予算規模を明確にするため工数見積もりを行う。主に公的分野の組織のシステムで実施する。予備 PIA は、ISO 22307：2008 の要求事項にはない。ISO/IEC 29134：2017 では予備分析として記述されている。

# 索　引

## ■編著者紹介

**瀬戸 洋一**(せと　よういち)　(担当箇所：第1部、第3部)

　1979年慶應義塾大学大学院修士課程修了(電気工学専攻)、同年日立製作所入社、システム開発研究所にて、画像処理、情報セキュリティの研究に従事。2005年4月から2020年3月まで、公立大学法人首都大学東京 産業技術大学院大学(現 東京都立産業技術大学院大学)教授。2020年4月より東京都立大学システムデザイン学部およびシステムデザイン研究科非常勤講師、東海大学情報理工学部コンピュータ応用工学科研究員、(一社)情報サービス産業協会プライバシーマーク審査会 会長、情報セキュリティ、プライバシー保護技術の教育研究に従事。工学博士(慶大)、技術士(情報工学)、個人情報保護士、情報処理安全確保支援士、ISMS審査員補、2009年電子情報通信学会　功労顕彰を受賞、2010年経済産業省 産業技術環境局長賞を受賞、著書に『バイオメトリックセキュリティ入門』(ソフトリサーチセンター、2004年)、『実践的プライバシーリスク評価技法』(近代科学社、2017年)等多数。

## ■著者紹介

**長谷川 久美**(はせがわ　くみ)　(担当箇所：第2部)

　1999年津田塾大学学芸学部国際関係学科卒業、2018年産業技術大学院大学(現 東京都立産業技術大学院大学)産業技術研究科修了(情報アーキテクチャ専攻)。現在、学校法人岩崎学園 情報科学専門学校にて、情報処理、情報セキュリティを中心とした教育の企画、開発および教科教育に従事。情報処理安全確保支援士、情報処理技術者(ネットワークスペシャリスト)、JASA情報セキュリティ内部監査人。情報システム学修士(専門職)。著書に『改訂版情報セキュリティ概論』(日本工業出版、2019年)、『サイバー攻撃と防御技術の実践演習テキスト』(日本工業出版、共著、2019年)。

ISO/IEC 29134 対応　プライバシー影響評価実施マニュアル

2020 年 11 月 28 日　第 1 刷発行

検 印
省 略

編著者　瀬 戸 洋 一
著 者　長谷川　久美
発行人　戸 羽 節 文

発行所　株式会社　日科技連出版社
〒 151-0051　東京都渋谷区千駄ヶ谷 5-15-5
DS ビル
電話　出版　03-5379-1244
営業　03-5379-1238

Printed in Japan

印刷・製本　㈱三秀舎